日本居住福祉学会

居住福祉ブックレット

23

精神障碍者の居住福祉

宇和島における実践（二〇〇六―二〇一一）

財団法人 正光会［編］

Edited by Shokokai

東信堂

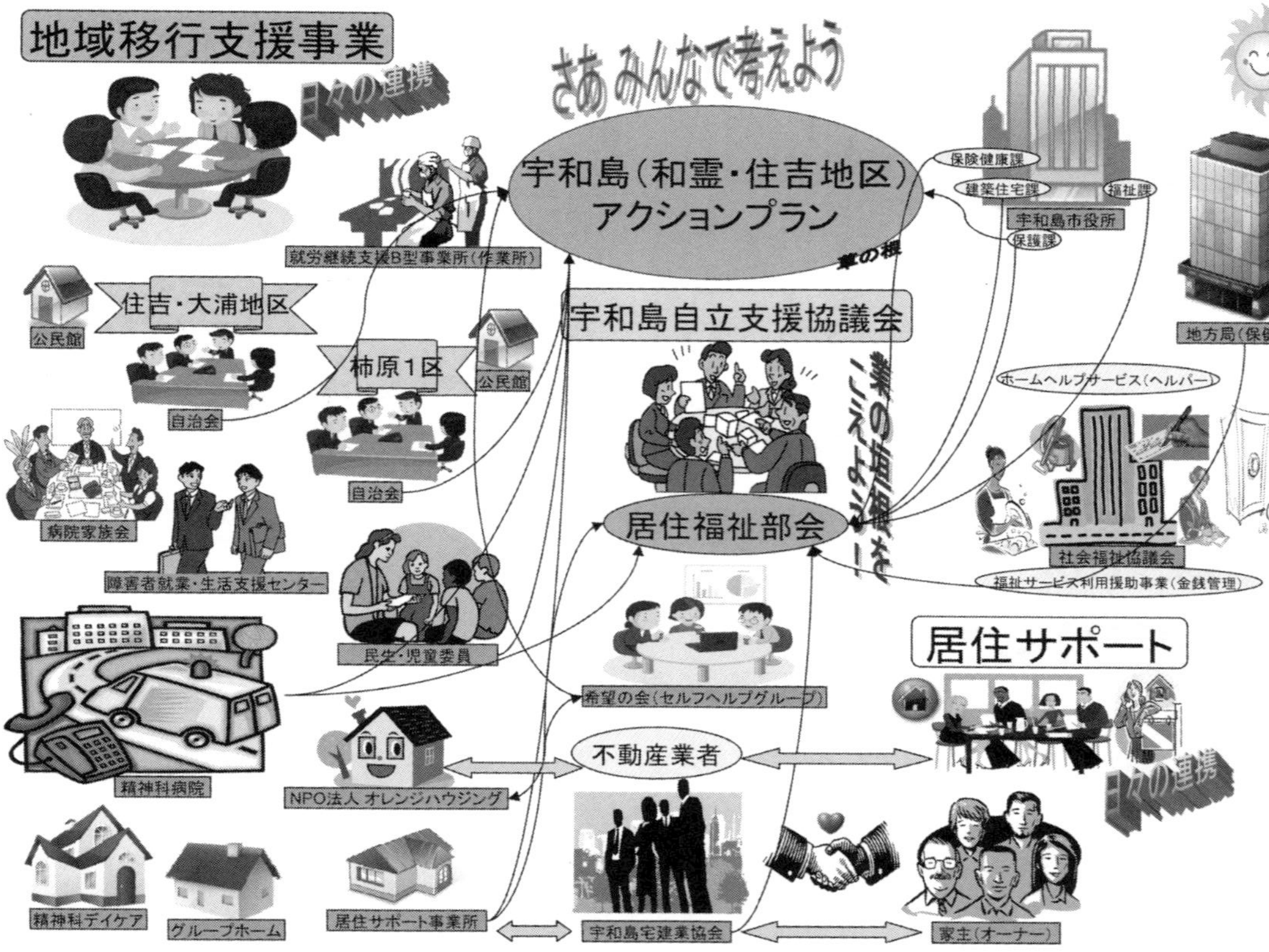
地域移行支援事業
日々の連携
さあ みんなで考えよう
宇和島（和霊・住吉地区）
アクションプラン
草の根
保険健康課
建築住宅課
福祉課
宇和島市役所
保護課
就労継続支援B型事業所（作業所）
住吉・大浦地区
公民館
柿原1区
公民館
自治会
自治会
宇和島自立支援協議会
業の垣根をこえよう！
地方局（保健所）
ホームヘルプサービス（ヘルパー）
病院家族会
障害者就業・生活支援センター
居住福祉部会
社会福祉協議会
福祉サービス利用援助事業（金銭管理）
民生・児童委員
希望の会（セルフヘルプグループ）
居住サポート
精神科病院
不動産業者
NPO法人 オレンジハウジング
日々の連携
精神科デイケア
グループホーム
居住サポート事業所
宇和島宅建業協会
家主（オーナー）

宇和島地域版

はじめに

私たちの住む宇和島圏域は愛媛県の南部に位置し、一市三町（宇和島市・松野町・鬼北町・愛南町）からなる。人口は約一三万人（宇和島市は人口約九万人で、六五歳以上の人口割合は三一・六％と高い）である。主な産業は柑橘栽培と養殖漁業であるが、九〇年代より不振が続き仕事を求め、人口流出の傾向にある。

二〇〇四（平成一六）年、厚生労働省・精神保健福祉対策本部より提示された「精神保健医療福祉の改革ビジョン」で「受け入れ条件が整えば退院可能な約七二、〇〇〇人の精神病床入院患者の退院・社会復帰を図ること」が謳われ、社会的入院（医学的観点からはすでに入院の必要性が薄いにもかかわらず、患者さんやその家族の生活上の都合により介護の代替策としておこなわれている入院のこと）の解消に向けた取り組みが実施されるようになった。二〇〇八（平成二〇）年の病院実態調査

（愛媛県）によれば、宇和島圏域においても社会的入院者が八八名いるということがわかり、精神障碍者の地域移行が喫緊の課題となっていた。

私たち財団法人正光会　宇和島病院（精神科病院）のスタッフ有志による宇和島の居住サポートチームの活動は、二〇〇六（平成一八）年障害者自立支援法のメニューのなかに「住宅入居等支援事業（居住サポート事業）」が見出された時から始まった。社会的入院者が、退院し地域生活を始める際の基礎的問題の解決にこれが有効だと思われたのだ。宇和島のそして愛媛県内の市・町の自立支援法の「障害福祉計画」に居住サポート事業の書き込みの必要性を共有するため、県内で定期的に勉強会を開くことからスタートした。

私たちの活動は、社会的入院者が地域に移行・再定住し、市民として包み込まれて復権し、地域の一員として共にコミュニティの再生や地域づくりの役割をはたしていくことを目標・目的としている。社会的入院者といわれる精神障碍者が退院・地域社会に移行し、「共住・共生」する時に最初に問題となるのが「居住確保」であった。

この本には、私たちの地域で必要であった居住確保への最初の道程や、障碍者との共住・共生に必要な、地域社会の壁・市民の壁に穴を開ける過程が書かれている。この活動を理解し、活動を共にしながら、その支援の核となっている市民の方々の率直な意見や、ようやく社会的入院者の退院・地域移行が進み始めたばかりの精神科病院スタッフの想いの変化や問題・現状が書かれている。

二〇一二年五月

編集責任者　渡部　三郎

目次／精神障碍者の居住福祉：宇和島における実践（二〇〇六〜二〇一一）

精神障碍者の居住福祉：宇和島における実践（二〇〇六〜二〇一一）

一、住居

1　before（〜二〇〇八）

①不動産業者の反応

二〇〇六（平成一八）年九月、財団法人正光会は当法人の三病院（宇和島病院・今治病院・御荘病院）における社会的入院の解消に向け、居住サポート事業を柱にした精神障碍者の地域の受け皿を確立するという戦略を立ち上げた。いくつか具体的な方策が提示されるなかで「宇和島市内の不動産業者をインタビュー調査する」という項目があったので、まず、ここから取り組むことになった。さっそく、宇和島市内にある六九社の不動産業者のうち、その三分の一にあたる二三社を訪問して、調査をおこなった。調査に協力していただくには、調査の目的などを理解してもらわなければならない。そこで、各項目を記したレジュメと居住サポート事業の相関図や資料を配布し、言葉足らずな説明にならないよう細心の注意を払った。この調査は不動産業者にとって直ちにメリットがあることではなかったが、繁忙の合間をぬって概ね好意的に応じてもらえた。社会的入院の現況については「初耳ですね。どういうことですか？」と質問される場面もあり、その語句説明・現状について多くの時間をかけさせていただいたところもあった。世間話も含みながら会話を重ねていくなかで、ありがたいことに私たちの取り組みに関心を持っていただけていることがわかった。実際、多くの不動産業者が精神障碍者の賃貸契約を仲介した経験がある、もしくは現在も管理物件に居住している状況にあって「避けては通れない問題」として捉えていた。また「今のご時世、障碍を理由に入居を断っては差別とかいろいろ問題があるし、かといって精神障碍についてては何も知らないし、実際のところやはり怖いし、不安はある。家主さんのことを考えると、やっぱり紹介しづらい。行政はそんなこと聞いてくれるような機関ではないしねえ。ずっとモヤモヤしていて、誰かに相談したかった」と率直な話をされた方もあり、この調査が不動産業者の方々のメンタルヘルス（心の浄化）に寄与したように思われ、時期的なタイミングもよかったのではないかと今は考えている。

まず、次の三項目の説明からおこなった。

・精神科領域における社会的入院の語彙説明と現状
・入院医療中心から地域生活中心へと大きく転換した国の施策
・居住サポート事業を中心とした当法人、当院のビジョン

理解を得たのち、質問形式で次のことを聞いた。

「精神障碍のある方と賃貸契約をする際、何が心配・不安ですか？　また、何を改善したら賃貸契約に至りますか？」

その時、必ず「正光会や私への配慮は結構ですので、率直なご意見をお聞かせください」と念押ししてから開始した。それというのも、尻込みをされて建前の意見聴取に終始したら、この調査は意味をなさないからだった。こうして得られた回答は、次のようなものだった。

【拒絶・偏見的意見】

「アパート、マンションの評判が下がり、入居者がいなくなる」

「目つきが悪い。トラブルに巻き込まれたくないので（不動産仲介に）関わりたくない」
「人的危害を加える恐れがある」

【精神障碍者との関わりの乏しさからくる不安の意見】

「どういう精神状態なのかわからない」
「病院職員が立ち会って、家主に病状を説明してもらいたい」
「面談で、人となりを判断させてもらってからの話である」

【精神障碍者と関わって陰性感情を持った意見】

「住人からの連絡を受けて現地に駆けつけた時、その凶暴性を目の当たりにして怖かった」
「被害妄想の対応に苦慮した経験がある」
「家の鍵の紛失が頻発して、その対応に辟易した」

【トラブル・リスクの責任論を追及する意見】

「何かトラブルがあった時、その責任の所在を明確にしてほしい」
「（刑事責任能力のない）心神喪失者と判断された場合、誰が責任をとるのか」
「精神症状の悪化により、他の入居者が退去した場合の空室補償は誰がするのか」

【家主との信頼関係を最重視する意見】

「家主の理解が一番重要である」
「家主の了解が大前提である」

このように、概ね厳しい意見が多かったが、そうしたなか、建設的な助言を含む次のような意見があった。

【建設的な助言】

「(不動産業者を)仲介しない物件は数多く存在し、家主と直接交渉ができる」
「サポートする職員を近くに常駐してもらいたい」
「(地域移行は)精神状態が良好な人からモニター的に進めていって、地域との信頼関係を築いていけばよいのではないか」
「病院職員、自治会、民生委員等、地域で迅速に対応できる体制を構築してもらいたい」

一〇社ほど訪問した後、この調査を質的統合法(KJ法)(※)でまとめることになり、「第一次不動産業者インタビュー調査」として以下の五つの島に質的統合された。

○住宅扶助費・家賃の債務保証

○連帯保証人の確保
○事故があった時の責任・保証能力
○緊急時・平時の家族に代わる即時対応・相談のできる体制
○本人の安定・安心・安全な生活の維持

精神医療福祉に携わる私たちにとって耳の痛い話もあったが、本当に貴重な意見をいただいた。この調査によって、従来個々の精神保健福祉士の裁量に委ねられていた不動産業者との関わりが、法人全体に一般化されようとしている今日の礎となった。また、具体的に何をすればよいのかということも明確になり、後述する障害者自立支援調査研究プロジェクト（厚生労働省）、さらにはアクションプラン実行委員会設立へとつながっていった。

（※）文化人類学者の故川喜田二郎がデータをまとめるために考案した手法である。データをカードに記述し、カードをグループごとにまとめて（これを「島」と呼ぶ）、図解し、論文等にまとめてゆく。ＫＪは考案者のイニシャルにちなむ。共同での作業にもよく用いられ、「創造性開発」（または創造的問題解決）に効果があるとされる。

（精神保健福祉士・宇和島病院デイケア担当）

②生活保護における住宅扶助内の物件調査

二〇〇七（平成一九）年度厚生労働省障害者自立支援調査研究プロジェクトにおいて、宇和島市における生活保護の住宅扶助（三級地―二　単身世帯で上限二七、〇〇〇円）内の物件調査をおこなった。旧宇和島市内（三間町、吉田町、津島町との合併以前）で、廉価と思われる物件を徒歩や自転車に乗って探索した（それらの物件は経年劣化しており、表通りから奥まった所にあるため車では勝手が悪かったのである）。

まず、居住者や近隣住民から聞き取りをして家主の特定をおこない、賃貸の可否、賃料、間取りなどを調べた。次に、旧宇和島市内全六九社の不動産業者に電話をかけ、生活保護における住宅扶助範囲内の物件を取り扱っているかを聞き取り調査した。その結果、直接現認（不動産業者が仲介をおこなっていない）した物件は一四件（二三・四％）で、電話調査によって判明した物件は四件（五・八％）であった。

家主に案内してもらえた二七、〇〇〇円以下の物件は八件で、長屋建てが七件と多く、その七件が木造であった。間取りに関しては、1Kが一件、1DKが一件、2Kが一件、2DKが三件、3Kが一件と幅広い。トイレは水洗が一件、汲み取りが七件で、専用は六件、共用は二件である。浴室は一件しかなかった。居室の床は、畳のみが六件、畳と洋間の両方あるのが二件であった。

冷暖房設備、スプリンクラー、火災報知器は全物件で設置されていなかった。

これらの結果から、住宅扶助範囲内の物件は不動産業者を仲介しないものが多いことが明らかになり、生活保護受給者の割合が高い精神障碍者が単独で前記の住居を探すのは困難であることがわかった。

次に、県都・松山市（人口約五一万人、二級地―一、単身世帯の住宅扶助費は上限三二、〇〇〇円）と宇和島市を比較したいと考え、無作為抽出した松山市の不動産業者六九社に住宅扶助範囲内の物件を取り扱っているかどうか電話で問い合わせた。その結果、二三件（三三・三％）でそれらの物件を取り扱っているとの回答を得た。宇和島市とはキャパシティや大学・専門学校等の数（宇和島市は短期大学一校、看護学校一校）、また調査対象も違うことなどから単純には比較できないが、松山市においてはそれらを取り扱う不動産業者の割合が多いことがわかった。このことは、供給（物件）数も多いと推測でき、住宅扶助内の物件を比較的容易に見つけることができるという点では地域格差が生じていると考える。

補足的に三五、〇〇〇円までの物件を低家賃物件として定義し、生活保護における住宅扶助額にあとどのくらい上乗せすれば精神障碍者が住居を探すのに苦労せずにすむのか調査してみた。

現認した五三件（六〇件のうち、七件が家賃未確定）の詳細は、住宅扶助内の二七、〇〇〇円以下の物件が一二件（二二・六％）、二七、〇〇一～三〇、〇〇〇円が六件（一一・三％）、三〇、〇〇一円～三五、〇〇〇円が一八件（三三・九％）、三五、〇〇一～四〇、〇〇〇円が一一件（二〇・七％）、四〇、〇〇一～五〇、〇〇〇円が六件（一一・三％）だった。二七、〇〇〇円以上の物件が七割強を占め、平均は三三、一七九円であった。つまり、生活保護における住宅扶助額にあと五、〇〇〇円上乗せがあれば、物件探しに困ることは少なくなり、一定の居住水準を持つ物件に居住することが可能となる訳である。

③精神障害者の居住支援に関する全国調査（二〇〇八年度）

同時に生活保護等を活用した精神障害者の居住支援に関する全国調査をおこなった。全国の市区町村の障害福祉管轄課（精神障碍者担当）一、八一一箇所に対してアンケート調査を送付し、返信のあった一、一六六通に対して解析を実施した。調査内容は、次の三項目。

1．「精神障碍者の住宅確保に関する支援」
2．「精神障碍者への金銭援助」
3．「精神障碍者の保健福祉に対する障害福祉所管課の認識」

アンケートの回収率六四・四％であった。

集計結果から読み取れたことの一部を次に紹介する。

【集計結果】（抜粋）

自治体の現状に関する回答	
保証人がいない者に対応する制度がある	七・〇％
精神障碍者に対する住宅扶助で国の基準額に自治体独自で上乗せしている	二・二％
生活保護の特別基準額（条件はあるが、家賃の上乗せ）を実施している（精神障碍者に支給している事例はそのうち四〇％）	三〇・〇％
精神障碍者の住宅を確保するための金銭的援助を制度化している	二・五％
自治体以外の団体、施設等で居住支援の取り組みをしている	一・九％
精神障碍者における住宅支援の負担軽減の取り組みが行われている	二〇・〇％
精神障害者保健福祉手帳所有者であることを理由に、公営住宅への優先入居ができる	一六・三％
精神障碍者が居住できる公営住宅は十分にある	三・三％
単身生活の精神障碍者が居住するアメニティについては、一般市民水準と同程度のアメニティ水準が望ましいと考えている	六五・〇％
精神障碍者の居住について、行政から不動産業者・家主にアプローチをおこなっている	五・〇％
地域住民に対し、障碍者に抱いているネガティブなイメージを適切なものに変えていくアプローチをおこなっている	四一・三％

以上のように、調査の結果からは、全国的に精神障碍者に対する施策・制度の実施は十分に取り組めていない様子が浮き彫りになった。地域移行を希望する精神障碍者の数や、実際の地域移行の状況は五〇％を超える自治体で把握されていなかった。また、精神障碍者の住宅確保について、「一般近隣住民のなかで自立して暮らしていくのがよい」との回答が二八・九％であるのに対し、「精神障碍者同士で地域内の集住がよい」との回答が四八・六％であることや、村においては三級地－二が多く、町村では単身に適した賃貸住宅物件自体が「ほとんど存在しない」との答えが三六・八％であったなどの厳しい現実も窺えた。

今後は居住に関する各施策の取り組みをおこなっていくことが最重要項目の一つであることがわかった。

（精神保健福祉士・生活訓練施設担当）

2　after（二〇〇八〜二〇一一）
居住確保支援の現状

社会的入院を解消するには、居住確保の仕組みが不可欠であると医療福祉関係者のなかでは顕在化した事項として共有されていた。「居住」とは単に住居のみを指すのでなく、そこでの生活を支える専門的・非専門的な人の輪や諸制度の総体のことである。しかし、具体的にどのようなもので、どうすればできるのかについて、定かなイメージを持っている現場スタッフはほとんどいなかった。

二〇〇六（平成一八）年に障害者自立支援法（※）が施行され、居住サポート事業が創設された。これは、障碍者が施設や病院から出て地域生活を始めるにあたり、居住サポート事業所が関係機関や不動産業者等と連携しながら、入居可能な住居の確保、賃貸借契約等への立ち会い、入居後の二四時間サポート等の必要な支援をおこなうというものである。

この事業は身体・知的・精神の三障碍を対象にしており、とりわけ社会的入院問題を抱える精神医療・福祉領域では嘱望されていた内容であったが、課題も多かった。それは、（1）市町村の任意事業であること、（2）必要なマンパワーに対して十分な予算が確保されていないこと、（3）各市町村や委託事業所に住宅供給関連のノウハウやネットワークがないこと等である。

それらの課題を精査して、居住サポート事業やそれに象徴される居住支援の仕組みを法律の条文ではなく、事業実施をおこない具体的なサービスとしてリリースすることが、私たちの宇和島にとって大きなミッションの一つとなった。

これ以降、私たちはさまざまな調査をした（本書でもいくつか紹介）。また、広島県三原市、北九州市、香川県高松市、東京都三鷹市などの先進地に学ばせていただいたり、千葉県松戸市の研究者や実践家を中心とした研究会に参加させていただいたりした。さらに、松山市において県内の精神科病院のご協力を得ながら、足かけ四年間にわたり勉強会を続けた。その過程で、宇和島地域に居住サポート事業を展開するにはクリアすべき五つの課題があることがわかった。

①精神障碍者の所得と家賃相場とのギャップ
②（連帯）保証人の不在
③日常的なサポート体制の未整備
④緊急時対応体制の未確立
⑤地域住民の不安感

これらの課題をクリアするには医療福祉関係者と住宅供給関係者の協働が不可欠だった。この頃すでに厚生労働省の「居住サポート事業」と国土交通省の「あんしん賃貸支援事業」との施策が連携するなどリンクし始めていたが、その流れを都道府県や市町村での保健福祉当局と建築住宅当局との連携や、民間レベルでの病院・居住サポート事業所と宅建業界との協力関係に導いてゆくことが必要だった。そのため、宇和島市では二〇一〇（平成二二）年度に発足した「地域自立支援協議会」のなかに「居住福祉部会」というワーキンググループを立ち上げた。精神科病院・保健所・居住サポート事業所・生活保護担当課・障害福祉担当課といった医療福祉関係者と、愛媛県宅地建物取引業協会宇和島支部（当時）・住宅担当課という住宅供給関係者により、前述した課題の解決策を求め一つのテーブルで議論が重ねられた。

その結果、宇和島市における居住サポート事業は何とか機能し始めた。特に②③④の課題については、現在、仕組みとしてはほぼ解決されている。具体的に述べると、②（連帯）保証人の不在については、人ではなくシステムで保証するようにしている。アパート等を賃借する際に「保証」には「家賃滞納時の弁済」と「日常的・緊急時の対応」が求められるが、このうち前者を民間家賃債務保証会社や高齢者住宅財団の家賃債務保証制度によってカバーし、後者を居住サポート事業所がカバーすることによって対応している。保証人として大きな役割を負う特定の個人、家族に依存しない居住確保の仕組みが、ひとまずできたといえる。

③④の課題についても、居住サポート事業所が二四時間三六五日にわたり細やかかつ臨機応変に「家族的」な支援をすることで解決されている。⑤に関しても、住民と一体となった地道な取り組みがなされてきたが、これについては次章以降に譲る。

今なお残されているのは、精神障碍者の所得と家賃相場とのギャップという課題である。居住サポート事業の利用を希望する精神障碍者の多くは生活保護を受給しているが、宇和島市における単身者用アパートの家賃相場は約三五、〇〇〇円である。つまり、入居可能な物件を発見すること自体が困難な状況にあるのだ（このあたりの事情は前項に詳しい）。また、運良く住宅扶助額のなかで物件を見つけることができたとしても、賃借の際の初期費用を捻出することが難しい（章末コラムに不動産業者の方からの指摘を記載させていただいた）。よって、仕組みとしては解決されたとはいえ日常生活や緊急時対応のサポート体制が手薄である感は否めないし、そうした体制があるということ自体が家族や地域住民にまだあまり知られていないという現状である。

残された課題は多いが、宇和島地域では何とか居住確保の仕組みはできた。しかし「社会的入院」の解消のためのミッシングピースである「地域の受け皿」ができたにもかかわらず、社会的入院者の退院はまだまだ進んでいないという問題がある。私たちが実施している居住サポート事業の利用者の多くはすでに地域で暮らしている方の住み替えニーズであり、主にその方たちの支援をおこなっているというのが現実である。では、住居確保や生活支援、地域住民における共生への意識の高まりといった地域居住の条件が整備されてもなお社会的入院を持続させる「社会的」なものとは何なのか。このことについては次章以降に譲ることとする。

（※）障碍者および障碍児がその有する能力および適性に応じ、自立した日常生活または社会生活を営むことができるようにすることを目的とする。従来の制度と比較して、障碍に対する継続的な医療費の自己負担比率が、五%から一〇%に倍増した。狙いは、少子高齢化社会に向け、従来の支援費制度に代わり、障碍者に費用の原則一割負担を求め、障碍者の福祉サービスを一元化し、保護から自立に向けた支援をおこなうことにある。また、同時に国の財源負担義務を課している。

(精神保健福祉士・地域活動支援センター担当)

章末コラム①不動産業者から観た居住福祉

生活保護受給者の住環境の現状

1．アパートの現状

宇和島市の住宅のなかで、生活保護受給者の住環境は上質とはいえないのではないか。

宇和島市における家賃二七、〇〇〇円のアパートは他の市町村、例えば松山市と比較して設備や質が随分劣っている。老朽住宅ばかりでトイレが汲み取り式等、水回り設備が古いのが現状である。また、設備や清掃状況もチェックされないままでの入居状況が考えられ、おまけに戸数も部屋数もあまりない。

2．不動産仲介手数料の現状

一般的な入居スタイルは、敷金二ヶ月、大家さんへの礼金一ヶ月、不動産仲介手数料一ヶ月＋消費税。それと、火災保険一五、〇〇〇円(二年間分)。最近では賃料保証もプラスで設定してある。

それに対して、宇和島市は敷金三ヶ月分と前家賃のみで、不動産手数料分とその他諸々の設定がされていない。「敷金を手数料分少なくして、手数料をいただいてもよいですか？」と、その度大家さんにお願いをしなければならない。大家さんは敷金が減ることで気乗りしないのではないか。不動産業者にとっても、媒介しにくい仕組みが改善されないままである。いうなれば「大家さんと直接、建物賃貸借契約をして下さい」といわんばかりの入居時必要諸費用（敷金）設定である。不動産業者への媒介手数料の一ヶ月＋消費税を追加で設定していただくわけにはいかないものか。不動産業者も行政の方から認めてもらえる立場になるし、意気込みが違ってくるのではないか。さらにいうと、できれば火災保険料分と賃料保証料分も必要経費に組み込んでいただきたいと思う。戸数確保も、物件力も上質になっていくためには、大家さんも不動産業者も積極的に協力できる仕組みを構築していかなければならないように思う。

精神障碍のある方が入居されるアパートの改善を提言

1．住居の内容

今日は建物としての工学的なＩＴがかなり進歩している。その最先端の技術が居住福祉へ貢献できないものか。例えば、防火装置スプリンクラーの設置・ＩＨクッキングヒーターの設備、ＴＶ電話の普及・タッチパネル・ＤＶＤによる生活訓練・ベランダからの自殺防止装置・警備会社の防災警備システム導入等である。

二〇〇九（平成二一）年、千葉県松戸市の聖徳大学で開催された「精神障害者の住宅確保に関する研究会」へ参加した。その際、東京で主に精神障碍のある方が居住されているマンションを観た。設備には水洗洋式トイレ、自動火災報知器、エアコン、ＩＨコンロ等が整えられていて、部屋の天井も壁も新しくて綺麗なクロスが張られており、快適な住空間だった。人が暮らす空間なので、宇和島市でもできれば東京都に匹敵する清潔で整備された住空間であってほしいし、不動産業者が精神障碍者を積極的に顧客としたくなるような仕組みはないものか。

2．住居費用

精神障碍者が退院される場合、賃料補助額を二倍に設定するようにはできないものか。そうなれば、入居率の低下に不安を抱かれている大家さんにとっては良いお客様になり、積極的に受け入れを希望されるようになるのではないか。結果的に部屋の設備も整って、快適な住空間になる。二倍が極端で無理なら、一・X倍でもよいだろう。

3．アフターケア

精神障碍者の方がアパートへ入居されるにはアフターケアが大事である。正光会さんのケアが十分行き届いていたら、大家さんの心配は半減するだろう。度々、消防や警察に緊急出動をさせたら、周囲の近隣住民に不安を抱かせる。大家さんから「受け入れが難しい」といわれないためにアフターケアのさらなる充実が必要である。

4．基本的人権を守る視点

世界保健機構（ＷＨＯ）は、「健康とは、身体的、精神的、社会的にも完全に良い状態であり、単に病気や虚弱がないことではない。到達できる最高水準の健康を享受することは、人種、宗教、政治的信条、経済的ないし社会的状態の如何を問わず、すべての人間の基本的人権の一つである」としている。健康でいられるために誰でも快適な住居で暮らすことが、基本的人権の一つと考える。

5．ゆとりの生活

ペットの飼育については、大家さんから「アパートでは飼わないでください」といわれる。昔から人は動物と一緒に暮らしてきた。そこで提案！　障碍者の方とペットとの共生は、心を豊かにして楽しい生活づくりになるのではないか。再考してもよいところである。我が家は日本家屋で、和室の続き間、床の間には掛け軸や花を生けてあり、来客をもてなす空間がある。その流れで、三五年ほど前に新築した部屋にも洋間の応接間があり、便利に暮らしていたように記憶している。単身で１Ｋ、１ＤＫに生活することが独立かもしれないが、友達が来ても楽しめる広さがあれば、より快適な生活になるだろう。話をしたり、一緒にテレビを観たり、友達と過ごし、みんなのなかで暮らしていけると楽しそうである。

6．地域への広がり

二〇一一（平成二三）年に千葉県の大里綜合管理株式会社を訪問した。外房エリアで積極的にイベントを企画・実行して、町ぐるみの豊かな住環境づくりを実践されていた。また、従業員のなかに障碍者の方もいて、一緒に土地管理の仕事をされていた。この環境は、とっても幸せそうで感動した。私の暮らしている田舎では、校区単位の活動のなかで暮らしてきたように思う。都会でのマンション暮らしは、隣人と無関係で生きていける。しかし、障碍者の方が暮らしていくなかで何が一番豊かな生活なのかを深く考えてみると、地域の人々と共にコミュニティ活動のなかで暮らしていけることだと思う。昔懐かしい古民家を整備して、ルームシェアをしながら野菜を作って暮らしていけないものか。また、地域行事や自治会へも参加していき、そのなかでつながりも大切にしていく。緊急時には、その人のために皆が協力できる体制を確立する。家は太陽光発電システムを設置したスマートハウス、さらには環境に配慮した省エネハウスへと転換していく。ヨーロッパのような風の通る、全体的に色合いが調和された街並みを参考にして日本らしく日本的な町のデザインをしていく。自然との融合も考慮した並木や庭木、そこには災害時に水も確保できるように雨水タンクを設置する。公園には小型風力発電を設置して、トイレや電灯の電源として使用する。さらには、屋根付きのミーティングスペースを建設して、仲間が寄って楽しそうな笑い声が聞こえる。未来はそんなきれいな町のなかで、障碍者の方も一緒に暮らしていけたらいいなと思う。

（不動産会社・代表）

章末コラム②生活保護制度における退院促進

自立支援プログラム

今日の主な被保護世帯は、傷病・障碍、精神疾患等による社会的入院、ＤＶ、虐待、多重債務、元ホームレスで、相談に乗ってくれる人がいないため社会的な絆が希薄であるなど多様な問題を抱えています。そのため、生活保護制度においても自立支援プログラム（※）の導入などにより、所要の対策を実施することとしています。

精神障碍者でいうと、社会的入院者を含む退院可能な方の二割程度が生活保護を受給していることから、生活保護制度（注1）においても、入院患者の状況に応じた適切な受け入れ先の確保、個々の退院阻害要因の解消や退院に向けた指導援助をおこなうことなどにより、計画的に退院促進を進めていくことが必要です。

（※）経済的給付を中心とする現在の生活保護制度から実施機関が組織的に被保護者の自立を支援する制度に転換することを目的として二〇〇五（平成一七）年度から導入が推進されている。実施機関が管内の被保護者世帯全体の状況を把握した上で、被保護者の状況や自立阻害要因を類型化し、それぞれの類型に対応する個別の支援プログラムを策定し、これに基づき個々の被保護者に必要な支援を組織的に実施するもの。
（例）精神障碍者↓長期入院を防止・解消し、居宅生活の復帰・維持を目指すプログラム

宇和島市福祉事務所（生活保護）の取り組み

生活保護費のうち二分の一以上が医療扶助であり、医療の特徴として入院の割合が高くなっており、退院促進による生活保護費（医療扶助）の適正化を図る必要があります。

二〇〇六（平成一八）年一〇月、「長期入院している者で、病状が安定して入院の必要性が低いのに、家族の受け入れ、地域の福祉体制の不備等、社会的な理由で退院できずに入院生活を余儀なくされている者（支援対象者）に対し、在宅生活への移行、又は施設入所等を支援していくことにより、支援対象者の社会的自立を促す」ことを目的とする「長期入院者（社会的入院者）退院支援プログラム」を策定しました。医療機関、保健所、福祉施設等の外部組織とも連携しつつ、組織的に対応をしています。また、常に支援対象者、退院後の受け入れ先について確認・把握しておかなければなりません。

精神障碍者の退院および社会復帰については、さまざまな阻害要因があり、ハード面（受け皿）だけでなく、ソフト面の問題も明確にすることが必要です。しかしながら、福祉事務所を基点とした取り組みには限界があるということから、医療機関（宇和島病院）のなかからの取り組みが必要となっています。

住居の保障

社会的入院の是正、解消を実現するためには、社会復帰施設等の整備だけでは不十分でありま す。また、社会復帰施設利用後の施策がないために自立の道筋がつかず、不本意な再入院となる例も多いという実態は看過できないことであります。今後は、地域生活支援策として、住宅供給（民間賃貸借物件の確保）のための施策が必要です。

支援対象者が居宅等で生活できる環境を確保するために必要な費用は、住宅扶助(注2)を定められた基準(※)に基づいて適切に実施しています。しかし、この基準は、地域の実情、経済効果が勘案されていない、利用者負担・財源問題に結びついていると指摘されることもあります。

（※）生活保護費の基準は、厚生労働大臣が定める基準である。

支援者の認識

福祉事務所や入院を請け負う医療機関などさまざまな立場がありますが、それらの各関係者・機関が連携・協議し、意見交換を重ねることにより、支援対象者の希望どおりにことを運ばなければなりません。最終的には支援者側が「困る・不安」という前に、支援者自らが考え直さなければならないことが山積しています。このような実態を一同で共通認識すると共に、社会資源を知ることで今後の支援体制にもつながっていくと思われます。

課　題

「守秘義務の徹底・個人情報保護」はあたりまえ、そこをいかに留意しながら柔軟に対応し、地域生活支援に関する十分な情報の提供、市民、地域住民の意識改革や精神保健福祉体系の再編と基盤強化を展開していかなければなりません。生活保護は社会的要因に大きく影響を受け、自治体にはこれまで以上に大きな役割が求められています。

保護費支給の限度や経済効果など、生活保護行政の立場からの問題点や改善案に取り組む必要があります。制度の抜本的改革、実現を強く求めると同時に、独自でできることには順次取り組みを進め、段階的に支援の量を拡大し地域支援体制の整備、退院可能な精神科病院長期入院患者の減少に貢献していきたいと思います。

【注1】

生活保護制度

(1)　公的扶助制度

◇さまざまな事情により生活に困窮する場合がある。こうした場合に、国や地方公共団体が生活を援助する仕組みを公的扶助といい、公的責任で最低生活を保障する生活保護制度が典型的な制度である。

(2)　基本原理

◇生活保護法では、①国家責任による最低生活保障の原理、②保護請求権無差別平等の原理、③健康で文化的な最低生活保障の原理、④保護の補足性の原理（＊）の四つの基本原理が明確に定められ、これに基づき制度の実施・運営がおこなわれている。

（＊）生活保護は、資産、能力などあらゆるものを利用し、民法上の扶養義務者から援助も頼み、年金など他の制度でもらえる給付があればそれをもらい、それでもどうしても最低限度の生活ができない場合に初めて給付がおこなわれる。

(3)　目的

◇生活保護制度の目的は、①最低生活の保障、②自立の助長

(4)　保護の種類

◇生活保護の給付は八つの扶助に分かれており、このなかで保護の対象となる世帯が必要とするものがお

こなわれる。

①生活扶助、②教育扶助、③住宅扶助、④医療扶助、⑤介護扶助、⑥出産扶助、⑦生業扶助、⑧葬祭扶助

(5)　生活保護の担当機関と費用負担

◇生活保護を担当する第一線の行政機関は福祉事務所であり、都道府県および市は必ず設置することとされている。市の福祉事務所は、その市の区域で、生活保護の事務を担当している。

◇保護費については、国が四分の三、地方自治体が四分の一を負担している。

【注2】

生活保護住宅扶助

申請し審査で受給決定した対象者が、住むために必要な敷金等（権利金、礼金、不動産手数料、火災保険料、保証人がいない場合の保証料：限度額に三を乗じて得た額の範囲内）の入居前の諸費用、家賃・間代・地代等（限度額　月二七、〇〇〇円）の支払い、さらに更新時の更新手数料、家屋の改修や補修、その他住宅を維持する必要がある時におこなわれる扶助。

（宇和島市役所　生活保護担当）

二、地域住民

1　before（〜二〇〇六）

「断酒の家」事件

二〇〇一（平成一三）年、アルコール依存症者の「生活の場」兼「地域活動の拠点」とする目的で、当院の近くにある一戸建てを賃貸する計画（「断酒の家」の開設）が立ち上げられた。入居予定者は生活訓練施設に入所し、断酒・断酒活動歴二年以上の二名で、問題行動もなく断酒継続の可能な方たちであった。

まず物件を管理する不動産業者に計画の説明をおこない、同時に県外に住まわれていた家主への（不動産業者を通じて）説明もおこなった。家主の反応は、すでに拠点を県外へ移していたためか「空き家が有効活用できるなら是非どうぞ」というものだった。不動産業者は、精神障碍者の住居に供する賃貸契約というのは初めての経験で若干の不安はあったようだが、宇和島病院のサポートを信頼して計画に同意をいただいた。ここにおいて、当事者－医療機関－不動産（家主）という連携体制ができあがった。

次にスタッフが取り組んだのが計画に対する「地域との合意」を得る作業であった。まず、当該地域の自治会長・民生委員に計画の説明をおこなった。民生委員は福祉的視点を持っておられ「自治会など地域が組織的に受け入れる意向を確認できればぜひ進めたらよい」という返答を得られた。ただし、それは第三者的立場からの意見であり「主体は病院。病院が地域にお願いして了解が得られたなら、協力できる部分は協力しますよ」ということであった。一方、自治会長は初めて精神障碍者を地域で受け入れるということになり、一抹の不安も感じておられるようであった。また、病院スタッフがお願いに伺ったことにより「障碍者の施設ができる」というイメージが先行することを拭えなかった状況があったと思われる。当然ながら「自治会長単独では決断できない」ということで、当該地区にある住民組織の各会合に議事として諮り結論を待つことになった。

ほどなくして、自治会長側から「とりあえず住民を集める機会を設けるので、そこで病院側から説明をしてほしい」という内容の回答がきた。かくして、地域での住民説明会がおこなわれる手はずとなった。

第一回目の説明会は当該地区の集会所で開催された。地域住民の関心は高く、数十名の方が集まっていた。この時点では住民側から受け入れ反対・賛成どちらかで明確に意思表示されることはなく「よくわからないので、まずは話を聞いてみる」というスタンスで参会される方が多かったと思われる。説明会には保健所職員および当院職員七名の体制で臨んだ。

まず、「断酒の家」計画をひと通り説明した。ここにおいても明らかな反対の意思を述べる住民の方はおられず、近隣住民として不安な点がいくつか出され、当院がそれに回答していくというような展開になった。アルコール依存症者の特性として「飲酒しなければ病的な行動は顕在化しない」ということと、誓約事項として「飲酒が発覚すれば即刻退去、再入院とする。場合によっては断酒の家の閉鎖も実行する」という点が説明されたことで、住民の不安は概ねカバーされているような印象であった。説明を終えた後、当院の責任を明確に示すため管理職の紹介がおこなわれた。いく人もの管理権限を持った幹部職員が重層的に側面から運営を支援するという姿勢を住民に提示した形となったのである。こうして約一時間、大きな波風も立たずに第一回の説明会は終了した。説明会を終えて、自治会長に今後の住民側へのアプローチをどうするべきか意見を伺ったところ、「あとは自治会内でも話を進めていき、必要があれば病院側の説明をもって対応してもらう」という見立てが示された。

しかし、その後状況は一変する。地域において「断酒の家」反対運動が先鋭化しているという情報がもたらされた。現地では「正光会の地域進出反対！」などと記された登り旗が設置され、反対を唱える住民の方が積極的に他の住民を巻き込んで活動をしているという状況に発展していた。これを受けて我々もいろいろと対応策を検討していたのだが、当院はすでに構図のなかで当事者となっており、直接アクションを起こすことによって住民側をかえって刺激してしまう恐れが懸念された。まずは、第三者的な立場から不動産業者による仲裁の動きを期待することにした。しかし、我々が不動産業者に仲裁を求めることは、結果的に不動産会社を地域のトラブルの渦中に巻き込むことに等しいわけで、不動産業者も二の足を踏む状況となった。それでも、不動産業者は県外の家主とも連絡を度々交わしてくださり、逐一の情報伝達や家主の意向を引き出してくれていた。

こうしたなかで自治会長に連絡をとるが、対応は険悪なものになっていた。彼は、すでに反対の立場をとる住民の中心におり、話し合いの余地はないという様相に一変していたのだ。何度かやりとりをするうちに、もう一度住民説明会を持つ運びとなるが、住民側からすれば「施設立ち上げを撤回する意思を病院側に示させる機会」としてしか捉えられていないような状況であった。

第二回の説明会は厳しいものであった。改めて計画の内容と運営の詳細を説明する段取りで臨んだが、当院の職員が第一声を発した途端に「そんなもん聞きに来たんじゃないわ！　わしら住民は断固反対しとる！　当然やめてもらわんといけん！　どうするんな！　やめるんやろうな！」と反対派の主張が延々叫ばれるばかりであった。かなり汚い言葉や野次が飛び交い、「日本の犯罪の一割は精神障碍者が起こしとるんぞ！」(※)と根拠のない暴言も発せられた。怒号や威嚇などが絶え間なく続いたこの会合は約三時間に及び、ついに説明は一言もできないまま終了した。

その後、スタッフ間で「断酒の家」計画の今後をどうするか検討がおこなわれたが、結論としては地域の反発が強すぎるので実施は不可能であり、したがって計画中止という形で終結した。

以上が「断酒の家」をめぐる一連の経過である。ちなみに現在でも当該地区自治会との関係は改善されておらず、結果的にこの事例は「失敗」ということになってしまった。しかし、この問題が我々スタッフにとって改めて地域との関係性について再考する一つのターニングポイントになった。それまでは生存権的な視点で「障碍者も当然の権利として地域社会に生活することができる」の一方向で支援が進められてきた。それは、つまり我々の提供する支援の対象を障碍者本人だけに絞って地域移行を進めていこうとしていた。しかし、「障碍者本人が住まう地域社会に対しても、負荷をかけないような支援をおこなうことが必要である」という観点を持つ契機となったのだ。「断酒の家」事件以降、我々のコミュニティワークがどのように変わっていったのか。次章に譲ることとする。

（※）『犯罪白書』二〇〇二年版（第三節　精神障害者の犯罪）によると、二〇〇〇（平成一二）年における交通関係業過を除く刑法犯検挙人員三〇万九、六四九人のうち、精神障碍者は七一一人、精神障碍の疑いのある者は一、三六一人であり、交通関係業過を除く刑法犯検挙人員に占める精神障碍者等の比率は〇・六七％である。この数字は同様の計算で求められる健常者の検挙人員比率よりはるかに低い数字であるが、あまり一般に知られていない。

（精神保健福祉士・生活訓練施設担当）

2　after（二〇〇六〜二〇一一）

①精神障害者および障害者の地域移行に関する実践的研究（二〇〇八年度）

宇和島市では予算や人員が削減されるなか、行政のみによる精神保健福祉の変革は難かしい状況にあった。そこで、私たちは「誰もが安心して暮らせるまちづくりに向けて」をテーマに平成二〇年度厚生労働省自立支援調査研究プロジェクト「精神障害者および障害者の地域移行に関する実践的研究」を宇和島市や地域福祉ネットワークの会と共に取り組んだ。その目的は「地域住民と共に、障碍者が地域移行していくなかでの問題を共有し、着手すること」にあった。

取り組み内容は、大きく三つに分かれる。

1．生活保護等を活用した障碍者の居住支援に関する全国調査

2．在宅障碍者（身体・知的・精神）の実態、地域移行に関する聞き取り調査

3．タウンミーティング

1は、全国一、八一一の市町村へアンケートを送付し、居住支援施策の全国的な動向と地域間格差などについて調べた（回収率六四・四％）。

2は、宇和島市の協力と三障碍（身体・知的・精神）の関係者三〇余団体で構成される「地域福祉ネットワークの会」と協働でおこなった。三障碍の手帳保持者全員を対象に訪問調査への協力を呼びかけ、了解を得られた方を訪問して調査票を用いて地域生活のしづらさ・ニーズについて聞き取り調査を実施した。これによって、精神障碍者だけが定着しやすい地域はあり得ず、三障碍全体で「障碍者が暮らしやすい地域」をつくる必要があることが共有でき、それをもとに宇和島市障害福祉計画へ提言をおこなった。

3は、精神障碍者の地域移行と共生をテーマにしたタウンミーティングを開催し、一般住民と保健医療福祉関係者が直接意見を交わし、課題を共有して一緒に解決できるような方策を考え、雰囲気づくりをおこなった。

②タウンミーティング（二〇〇八年度）

宇和島市内の四つの地域（旧吉田町・旧三間町・旧津島町・旧宇和島市）でタウンミーティングを実施した。参加対象者は当事者・家族・行政・自治会・民生委員・保健医療福祉関係者・有識者などであった。宇和島市内において、このような場が設けられることは初めてだったが、各地域概ね三〇名の方々が参加され、予想以上の参加者数で実施することができた。

「精神障碍者の地域移行と共生」をテーマに三回のラウンドに分けて開催した。

第一ラウンド　「問題発見編」
第二ラウンド　「課題解決編」
第三ラウンド　「実行計画策定編」

第一ラウンドでは、それぞれが感じている不安や疑問・問題点などの率直な意見を抽出し意見地図を作成した。抽出された意見としては、

H
K
L
M
N
O

「精神疾患に対する理解の難しさと理解不足」

「退院時の地域での受け入れ体制づくり」

「みんなが集える居場所づくり」

「サポーター・ボランティアの育成と活用」

が必要であるなどの意見が優先順位は違うがどの地域においても提出されていた。このことからも、まだまだ精神疾患やその障碍についての理解は地域のなかでは得られておらず、今後の啓発活動の必要性が明らかとなった。また、現在入院している社会的入院患者さんが退院しても地域で定着するための受け入れ体制がなく、その方たちを支えるサポーターもいないため、地域で孤立していくのではないかという問題が挙がった。

第二ラウンドでは、第一ラウンドで出された

不安や疑問・問題を解決していくためには何が必要なのか意見を抽出し、二枚目の意見地図を作成した。

「地域での学習会の開催―自治会デビューと受け皿づくり」

精神疾患や障碍について地域の理解を深めるためのもの、精神障碍者が地域のなかの一住民として受け入れられ、自らも地域住民であることを自覚できるようにするためのもの、また、退院しても継続した医療の提供と福祉的な関わりやサポートが必要であるという意見がどの地域においても出された。こうしたことにより、参加者がそれぞれの地域で違う立場にあり、住んでいる地域も違うが課題解決へ向けての取り組むべき項目に大きな違いはなく、どの地域においてもほぼ同じであることがわかった。この後、愛媛県精神保健福祉協会宇和島支部主催による「宇和島地域こころの健康フォーラム」が開催され、そのなかでタウンミーティングに参加した地域住民により、第一ラウンドと第二ラウンドで出された意見の発表をおこなった。このフォーラムには約三五〇名の参加者があり、タウンミーティングの取り組みを広く伝えることができた。また、参加者が少しずつではあるが、精神障碍者の地域移行と共生について考える機会になった。

第三ラウンドでは、問題点から導き出された課題解決策をもとに「取り組み計画」を立案した。精神医療福祉関係者と行政機関関係者が集まり、第二ラウンドで出された意見をもとに優先順位・

難易度・緊急度・役割分担・着手順位を決め、実行計画表を作成した。実際にはそれぞれが現在の仕事や地域での役割を持ち、この計画に沿って実践していくことは簡単なことではなかった。結果、必要性は感じていながらも年度内には解決へ向けての実践がおこなえず、次年度のコミュニティミーティングへつなぐこととなった。

③コミュニティミーティング（二〇〇九年度）

二〇〇九（平成二一）年度には愛媛県の「地域における施設の拠点機能に着目した事業者支援事業」を受けることとなった。この事業の目的は、地域移行による地域での生活を現実のものとしていくため、施設が地域の拠点機能として地域住民の理解や支援力を高めるための取り組みをおこなうものであった。地域の受け入れ態勢のさらなる整備を図ることを最重要課題としていた私たちの戦略と合致した。このことにより、前年度中途に終わっていた精神障碍者の地域移行と共生についての検討を継続しておこなえる環境が整った。

タウンミーティングを振り返った結果、精神障碍者が地域へ移行・定着するためには、行政区の広域・拠点対応だけでは難しく、小地区単位での取り組みが必要であることがわかった。そこで、自助・公助・共助の役割を明確に分節化して、それらの協働によって「コミュニティレベルで障害者を見守り、接点をつくる」ことが、地域移行をスムースにしていくと考えた。それをもとに以後の対象地域を縮小して、より具体的に議論するための「精神障碍者の地域移行と共生を考えるコミュニティミーティング」を実施した。

対象地域は、和霊・住吉地区（旧宇和島市）と岩松地区（津島町）の二つとし、参加者への呼びかけ、進め方や質的統合法（ＫＪ法）を用いることについてはタウンミーティングと同様の形式をとった。

第一ラウンド　問題発見編（不安・疑問・問題を出し尽くそう！）

第二ラウンド　課題解決編（どうすればいいかアイデアを出そう！）

第三ラウンド　実行計画策定編（アクションプランを立てよう！）

として、意見の抽出をおこなった。岩松地区では、第二ラウンドの課題解決についての検討に先立ち、参加された地域住民の方から「今後、このようなミーティングをどのように進めていくか検討したい」との声が挙がり、それをもとに意見地図を作成していった。それには「地域の自治会長や民生委員も世代交代しており、毎年交代している地区もあるなか、このような取り組みに参加することが難しくなってきている状況にある。しかし、昔からの地域住民同士の関わりや『もやい』（サロン的な地域住民の寄り所）は存在していて、利用もされている」ということであった。岩松地区においては実行計画策定

編の開催には至らなかったものの、地域住民の寄り所である「もやい」でコミュニティミーティングをおこなうことができた。そのことにより、同じ地域の人が顔の見える関係で、各家庭の家族構成やその詳細・生活状況などをそれぞれが知っているという岩松地区の地域特性が私たちにも理解できて、精神障碍者の地域移行において「精神障碍についてもっと知りたい。精神障碍についての学習会などしてもらいたい」という住民の求める課題（ニーズ）が鮮明になったことが何よりの収穫だった。

抽出された意見としては、前年度に行ったタウンミーティングで出されたものと大きな違いはなかったが、それぞれの地域の実情に沿ったケースが具体的に挙がってきた。このように、

個々の地域のなかで問題となっていることなどを話し合っていくことで、それぞれの地域での解決策を主体的に検討していくことができた。そして、何より当事者や地域住民の方の参画を得ることができ、アクションプラン（表1）を立案することができたのである。私たちは、前年度の実行計画表が中途で終わったことを反省して、アクションプランが立案されただけで終わらないようにと誓った。また、参加者のなかからも「少しずつでもいいので何かしらの実践をしていく必要があるのではないか」という意見をいただき、このアクションプランをもとにどのように活動していけばいいのかについても検討した。

④アクションプラン（二〇一〇年度）

二〇一〇（平成二二）年四月、「和霊・住吉地区アクションプラン実行委員会設立準備会」を立ち上げた。この準備会のメンバーはコミュニティミーティングに参加された方のなかの有志である。それぞれの職種や立場があっても、一地域住民として参加するという基本的なスタンスでおこなった。よって、この活動を進めるにあたっては公的・広域的に進めていくのではなく、小地区で草の根的な活動を進めていくことで意見がまとまった。この準備会は当法人の「地域活動支援センター柿の木」を事務局とした。設立準備会は三回実施したが、いつも仕事が終わった一九

表1　和霊・住吉地区 精神障碍者の地域移行に向けたアクションプラン

(21年度『精神障碍者の地域移行と共生を考えるコミュニティミーティング』和霊・住吉地区／完成年月日：2010年2月14日)

優先度	アイデア	難易度(ABCランク)	実行時期(●:実行、○:準備)			誰が中心になってやるか(★:主体者、○:協働者)				行政		着手順位	備考
			早く(1年以内)	2～3年以内	ゆっくり(4～5年以内)	当事者・家族	住民自治会民生委員	福祉	医療	市	県		
1	地域での学習会の開催	C	●			○	○	○	○	★	○	1	新たに開設、福祉事務所
2	自治会デビューと受け皿づくり	B	○	○		○	○	★	○			2	早期少数
3	退院後もサポート	B	●	●		○	○	★	★	○		1/1	保健師保護課
4	障碍者と直接交流できる場づくり	B	○	●		○	★	○	○			1	社会福祉協議会
5	地域移行にあたっての当事者の生活教育	C	●			○	○	★	★			1/1	
6	自治会へのこまめな情報提供	C	●				○	★	★	○		2/2	
7	出前講座の開催	C		●		○	○	○		★	○	1	保健所
8	近所の方の声かけと挨拶、見守り	C	●			○	★	○				4	
9	病院の場での交流と情報発信	B	●			○	○	○	★			3	
10	自治会での見守り体制づくり	A	○	●		○	★	○	○	○		3	少しはできている
10	小学校段階からの交流・学習の場	B			●	○	○	○	○	★		2	教育委員会
12	飲食を共にする場づくり	C	●			○	○	★		★		2/2	柿の木市デイケア
13	専門医からの情報発信	C	●				○		★			3	
13	地域でのイベント参加	B		●		○	★	○				2	
15	サロンの開設	A			●		○	★		○		3	商店街
15	組織体制が整っていることの明示	B	●					★	★			1/2	

時〜二〇時三〇分までと時間を決めておこなった。ボランティアであるにもかかわらず、毎回二〇名弱の参加があった。

その後「アクションプラン実行委員会設立準備会」から「アクションプラン実行委員会」へと名称を変えて、実際の活動をしながら委員会を開催して活動の検討をおこなった。最初に取りかかった項目は

1.「地域移行にあたっての当事者の生活教育」
2.「飲食を共にする場づくり」
3.「地域での学習会の開催」
4.「当事者の生活教育」

であった。着手順位（**表1**参照）が上位のもので難易度がそれほど高くなく、私たちが取りかかりやすいものから始めた。

2は、二〇一〇年四月〜一〇月の計七回、食事会を地区の公民館や地域活動支援センター柿の木で毎月一回のペースで開催した。地域住民と精神障碍者が交流を図り、お互いを知って理解することを目的とし、終始和やかな雰囲気で開催できたが、地域住民と精神障碍者のお互いが遠慮がちで、ざっくばらんに語り合うというところまでには至らなかった。これは、私たちの準備不

足によるところが多く、そのような雰囲気づくりができなかったと反省している。やはり、それは地域住民の方も感じており「もう少し精神障碍者の方と交流が持てるような食事会にした方がいいのではないか」との意見をいただいた。専門職ゆえの葛藤からあたりまえのことができずにいたように思う。今後は、私たちも同じ地域住民であるという意識と立場で「飲食をともにする場づくり」をしていきたいと考えている。

3では、地域の公民館でおこなわれる民生委員の定例会にお邪魔させていただき、精神科医療の歴史や今後の精神医療福祉の方向性、社会的入院者の現状などについて二〇分ほどの時間で学習会をさせていただいた。民生委員は各地域で児童から高齢者までさまざまな方の状況を把握されており、相談や対応をされている。話をさせていただいた後、貴重な感想や意見をいただくことができた。多く挙がった意見としては、

「何かあった時、どんな対応をしてもらえるのか」
「どこに連絡して、どこに相談したらいいのかわからない」
「精神障碍がどのようなものなのかがわからない」
「精神障碍者に対して、どのように対応したらいいのかわからない」
「精神障碍者に対して、自分たちに何ができるのかがわからない」

アクションプラン設立準備委員会

出前講座

などであった。私たちは学習会で民生委員の方たちに少しずつ精神障碍について理解してもらえたらと思っていた。しかし、まず私たちが地域住民の疑問や不安を知って、その説明をしたり、情報や知識を提供したりすることが先だった。その結果、精神障碍に関心を持ってもらえたり、理解していただいたりすることにつながるのではないかと考えたのである。今後は学習会の持ち方をさらにひと工夫して継続していきたいと考えている。

4に関しては「ゴミの分別や指定日を守れていないと自治会がその始末をしなくてはいけなくなり、こういった問題が対応に一番困る」という自治会の意見をもとに、当院のデイケアメンバー（利用者）を対象としてゴミの分別について講習会を開いた。これは、病院職員の作業療法士が家庭や地域のゴミを実際に持参して分別の仕方について学んだものである。すると、恥ずかしい話ではあるが、地域でゴミ出しをしている私たちも正しい分別ができていなかったことに気づかされたのだった。このことより、障碍者だからできないのではなく、このような学習の機会がなかったからできていなかったのだとわかった。今後はゴミ出しのルールを守るのみでなく、地域生活を安心して送っていくためのさまざまな事柄についての生活トレーニングを入院時から実施していく必要があり、それは私たちの役割であると自覚させられた。

その他の取り組み項目についても少しずつではあるが取りかかっているが、まだ地域のなかで

飲食を共にする場づくり

サロンの開設

これらの活動が定着しておらず、理解が深まっているともいえない。今後も草の根的に続けて活動していくことで少しずつでも精神に障碍を持つ人とそれを受け入れる側の地域住民が、安心して地域生活が送れるようになることを目標にして取り組んでいきたい。

（看護師・病棟担当、精神保健福祉士・地域活動支援センター担当）

章末コラム①自治会から観た地域移行

今から三年前、地域活動支援センターから「精神障碍者の地域移行について、事業の着手をしたいので参加していただけないか」と相談がありました。地域活動支援センターが同じ自治会にあることなどから参加することにしました。最初に地域移行についての課題や解決策の意見を出して協議し、スクリーニングをしてまとめの資料を作成しました。当初は障碍者について知識があまりなく、わからないことばかりで戸惑いがありました。その後、コミュニティミーティングやワークショップをして徐々に理解できるようになりました。

二年前「ある精神障碍者（Bさん）の方が、A（筆者）さんの住む自治会内で単身生活をと考えているのですが、どうすればよいですか？」と地域活動支援センターの職員から相談があり、私も実際に体験することになりました。支援センターの職員と協議した結果、間もなく私の居住する地域へBさんが転入することになりました。真っ先にBさんの入居先にお伺いしました。その後、地区のみなさんに事情説明をして、要望を聞きました。転入後、いろいろな問題が発生しました。その都度、支援センターと連絡をとり、問題にどう取り組み、どのように対処して、どうすれば住民の方に理解していただくか協議してきました。その後も数名の方が転入してきましたが、やはり問題が発生し、以前と同様に苦情や要望について協議してきました。実際に問題と直面して、現実の大変さ、難しさを痛感しました。体験して思ったことは、どんな些細なことでも敏速に対応して、いかに住民の方の理解をいただくかです。そして、誠意を持って対応して真摯に取り組むことが大切だと実感しました。正光会さんが、今後もこのテーマを継続していくには、地域に足を運び、現況を把握して地域の方々とコミュニケーションをとることが重要かと思います。また、いろいろなニーズに対処して、地域の方々との信頼関係を構築することが大切であり、必要だと思います。さまざまな問題に直面した体験を糧に、今後も自治会として正光会さんと取り組んでいきたいと思います。

（Z地区自治会長）

追記（対応記録より）

Bさんに関するトラブルは、Bさんが自宅の鍵をなくしたことにより、起こった。鍵をなくしたことで当惑してしまったBさんが、ドアを叩いては「開けてください」と声を挙げていたもので、深夜であったことと、Bさんが「鍵をなくして家に入れない」の一点張りで会話が成り立たなかったことから、騒ぎとなった。近所の方から知らせを受けた自治会長さんの対応で、生活訓練施設で一時休養をされ、明朝、地域活動支援センターに連絡をいただいた。

この事例により、自治会長さんから、こうした際の緊急連絡先を知らせておいてほしい、また、日頃からちょっとした愚痴なども含むような情報交換の場があれば、というお話があった。実際の体験を踏まえた上で、「お互いさまの部分もあるので」と、理解し合える環境作りを考えていただいた貴重なご意見で、地域活動支援センター柿の木が対応することとなった（Bさんに関しては、その日より二週間、訪問看護の看護師が集中訪問し、医療的に観ることとした）。

その後も、別の方の事例で、言葉をかわした心やすさから他人の敷地に勝手に入ったなど、地域生活のルールが身についていないところからのトラブルがあったが、地域の方のご理解で大事にはならず、今後の相談先として地域活動支援センター柿の木を紹介した。

（精神保健福祉士・地域活動支援センター担当）

章末コラム②地域再生と地域移行

昭和二〇〜三〇年代の信州の農村地帯で育った私の少年時代は、今でいう精神障碍者あるいは知的障碍者とみなされる人が地域のなかで暮らしていた。どこの家の誰かは地域の誰もが子ども時代から知っており、陰になり日向になり大人から子どもまでが見守っていたような記憶がある。ときどき両親と一緒に畑仕事も少しは手伝っていたように思う。障碍者であっても地域社会の構成員のひとりとして暮らしていた世界があったのではないだろうか。

もちろん家のなかに閉じ込められていた人もいたのかもしれない。実態は定かではないが、そのような話を子ども心に耳にしたような記憶もある。

私はおばあちゃん子で育ったが、その祖母が年老いてから今でいう認知症となってしまった。母は子育てと農作業をしながら祖母の世話をしていたが、その姿の大変さは言葉では尽くせない。時に祖母は集落内に一人で迷いでることもあったが、地域の人が見つけると連れてきてくれたものである。

伝統的な地域社会にはそのような互いに支え合う連帯感があった。見方を変えれば衆人環視のもとで窮屈な社会だったともみられるが、また経済的には今と比較すれば貧しくはあったが、誰もが安心して暮らせる社会であったように思う。

昭和三五（一九六〇）年前後をさかいに日本社会は高度成長の道をまっしぐらに突っ走る過程で、いろいろなものごとが専門分化され業務も縦割り化されるなど、人々の関係を分断・孤立する方向へ社会が大きく変質してしまった感があるのは私だけだろうか。精神障碍者の社会からの隔離もそのような社会の流れの具体的なあらわれであったのではないだろうか。

ここ一七〜八年来どのようにしたら中山間村をはじめとした農村や漁村といった地域を再び元気にすることができるか。いわゆる「地域再生」の仕事に取り組んできた。たどりついた結論は、住民が自ら自分たちの地域の将来像を描き、自らの地域にある資源を使って自らの智慧・アイデアで地域づくりに取り組むことをおいて他に道はないということである。地域住民の内発的な取り組みによる連帯感の再生とそれを原動力にした地域再生である。

宇和島地域における精神障碍者の地域移行に向けて、タウンミーティングからコミュニティミーティングへと歩みを進め、住民とスタッフ、行政関係者の参加・協働によるワークショップの運営を支援した。それは単に地域移行という縦割りの問題ではなく、地域再生をいかに進めるかという問題と同義なのだと思う。精神障碍者も地域の一員として加わり、いかに地域再生を進めるか。そのような観点から取り組むことが、変質してしまった社会を軌道修正する道筋でもある。

つまり、地域移行は社会的入院といわれる精神障碍者の住まいであった病院という場をそのまま地域に移したのでは病院の外部化でしかない。暮らしを取り戻す場、地域の構成員として社会に貢献する場でなければならないのではないだろうか。加えて地域再生の側から捉えるなら、福祉（事業）が地域経済をまわす一角を担う道筋をつくることがこれからは欠かせないテーマだと思う。

私の育った少年時代の農村の暮らしをふり返り、またいま全国各地で応援している地域再生の取り組みから考えるに、そのような福祉（事業）による地域経済の再生の道筋が可能なのではないかと思う。あるいは可能にすべく挑戦する価値のあるテーマなのだと思う。

自治会と連携し、地域住民と連携し、地域移行を進めていくことがより一層重要となると考える。和霊・住吉地区との連携・協働による取り組みがそのモデルになることを願う。住民の人たちとスタッフの取り組みの姿は、その努力の途上にあるように思う。

今後も地域再生の角度から、微力ながら支援をしたいと思っている。

（情報工房代表・千葉大学大学院看護学研究科特命教授　山浦晴男）

三、医療・精神科スタッフ

1　before（〜二〇〇六）

当時の状況

私が看護学生だった頃の一〇数年前までは、精神科へ入院した人は「死ぬまで病院」という状況が少なくなかった。いうなれば、精神障碍者がほとんど「地域で暮らしていない」状況なので、私も接点はほとんど持ち合わせていなかった。ただ「精神科病院って何なの？」と、社会から閉ざされた空間に根拠のない抵抗を感じていた。

「精神看護」の実習先として、初めて宇和島病院へ行った。精神科では患者さんとのコミュニケーションが最重要と教えられ、未熟を承知で懸命に取り組んだ。患者さんの奇怪な言動に対して、多少の違和感を覚えながらも花札やトランプ、運動会やミカン狩りに同行させてもらった。共に娯楽を楽しみ作業時間を共有するなかで、私自身も精神障碍者へ過剰な偏見を持っていたことに気づかされたのである。

看護学校卒業後、宇和島病院へ就職して病棟配属となった。「内なる偏見」と葛藤しながらも、ナイチンゲールの理想を追求すべく胸を膨らませていた。しかし、実際の仕事は医師の指示に従って正確に与薬し、治療拒否の強い人に対しては注射処置や必要に応じた行動制限（隔離や拘束）を実施するというものだった。必然と看護の視点は、患者さんの陽性症状（興奮に伴う暴言や暴力、他者とのトラブル等）を抑制することが重視された。急性期が過ぎ、症状が落ち着いた患者さんには内服継続の必要性を説明する。そして、習慣内服と定期の外来通院の理解が得られれば退院可能となるが、生活できる場所がない、受け入れてくれる人がいないというのが当時の現状だった。家族のなかには、陽性症状が顕著に表れた状態を目の当たりにして自宅や地域では何の解決策も見出せないまま入院させた経過があった。やがて、それは退院させることへの不安や恐怖心、地域の偏見に対しての遠慮から「いつまでも病院においてください！」と懇願するケースもあった。

家族が受け入れに難色を示すと、患者さんは病院での生活を強いられることとなる。「家に帰りたい」というあたりまえの願いは叶えられず、ストレスが増強する。それを、うまく発散できないで行動化してしまうと症状の再燃として問題視され、結果的に自傷他害を抑制する薬が増えたり、何らかの処置が加えられたりするのだ。このような現状を目の当たりにして、患者さんが「いかに安心・安全に過ごせるか」「無為自閉の状態から自発性を見出す手段はないか」と日々模索していた。

精神疾患は「几帳面で真面目な人に多い」といわれるように症状が落ち着いていると、毎日の作業療法にも熱心に参加できる。統合失調症や躁鬱病を患った患者さんも幻聴や妄想等の不快な症状を抱えながらも、他者を必要以上に気遣い、集団生活に順応しようとされる方が多い。病棟内では、同じ病気に苦しみ、似た境遇の生育歴を持った患者さん同士で友人関係が芽生えてくる。そういった経過を何度も繰り返すうちに、患者さんにとって病院が居心地のよい生活の場所になってしまう。家族も高齢化してくると、衣替えの時期に面会に来る程度で疎遠となる。こういった悪循環のパターンが目立ち、患者さんを退院させてあげられる機会は少ない状況だった。地域での受け皿がないまま入院を長期化させ、病院で年を重ねていく患者さんに対して、看護師は退行を防ぐためのリハビリ目的でしか援助策を見出せていなかった。

二〇〇四（平成一六）年「精神保健医療福祉の改革ビジョン」が提示された。その流れを受けて、幻覚や妄想等の症状が既存していても自傷他害の恐れがなければ、主治医より退院可能との判断がなされるようになった。それは「退院＝ゴール」と考えていた看護師にとって画期的な意識改革となった。

しかし、患者さんを地域に送り出す術を知らない私たちは四苦八苦することになる。疾病の回復やＡＤＬ(日常生活動作)低下予防を目的とする従来からの看護にプラスして、ＱＯＬ(生活の質)の向上を目指した新たな地域生活支援が必要となったからである。まず、それまでほとんど訪れたことがなかった院内の地域リハビリセンターを、医療・福祉連携の窓口として活用した。そのことにより、社会復帰施設部門への関心が増し、ケアマネージャー任せにしていたケア会議にも参画するようになった。また、「退院前訪問指導」には精神保健福祉士に同行するようになって、患者さんの生活の場や生育環境に触れるようになった。地域に足を運ぶことにより、これまで疎遠だった保健・福祉分野のスタッフとの関わりも増えてきて、それは精神保健福祉士、作業療法士といったコメディカルの専門性について理解することにもつながった。さらに、患者さんと家族をアシストして、退院後は地域におけるフォロー体制づくりにチームの一員として関わった。それは、可能な限りのサービスを提供することで、本人や周囲が抱く不必要なストレスの緩和と予防、家族の介護負担の軽減に努めることが目的だった。今まで経験したことのない、地域の利用できる社会資源についての豊富な情報量と知識が求められた。

入院時において、患者さんの疾病や弱さといったマイナス面にのみ着目するだけではなく、主体性を持って社会参加ができるように自己決定を尊重した目標やニーズに重点を置くようになった。しかし、長期入院をされている患者さんにとって、慣れ親しんだ生活環境の変化への困惑や不安は想像以上のものがある。ストレスに脆弱性を持つ患者さんは尚更で、家族や医療から「見捨てられ不安」を抱き症状が再燃することも少なくない。私が担当した患者さんのケースでは「看護師さんにすべて任せます」といわれたので、翌日退院の意思を確認したら「私を追い出そうとしよる。お前なんか辞めてしまえ！」と罵倒されてしまった。ある時は、精神状態の浮き沈みに合わせて適切と思われる距離を測りながら「今後、どうしたいか？」と聞くと「ここがええ。死ぬまでここにおいとって」といわれてしまい、言葉に詰まった。職員の思惑の度が過ぎると、時間をかけて築いてきた信頼関係（私の思い込みかもしれないが……）は容易に崩れる。そして、退院はどんどん遠のいてしまう。

精神科病院に長く入院しているということは、医師の指示がなければ外出は許可されず、私物や金銭は必ず検査（病棟内に危険物を持ち込ませない目的）される。生活のほとんどがスタッフの監視下にあり、変化に乏しい日々を過ごすため感情が鈍麻しやすくなる。ストレスの発散手段がたとえ暴言や暴力に至ったとしても感情を表出してくれると、患者さんと職員間で解決手段を検討できる。しかし、無為自閉な状態（病室に閉じこもり他者との交流もなく孤独を好む）の患者さんは退院の対象にはなるが、社会という集団のなかで適応できるかどうか不安を残す。結果として退院できない、させられないとなり、社会的入院者を生む一因となってしまっている。

その他として、症状が安定しても経済的理由から退院できないということがある。入院費よりも退院して地域で生活をする方が負担増となってしまうのだ。また、お金を稼ぎたくても病気の特性から遂行できる業務や就労時間が限定され雇用してくれる企業は少ない。単身者は保証人不在のまま住む場所を探さなければならず、高齢者の社会的入院者に至っては高齢者施設の入所待ちが数十人単位の現状であった。

「既存の福祉サービスだけでは、退院可能な患者さんの行く所がない……」

そんな状況下で解決手段の一策として居住サポート事業への取り組みが始まった。

（看護師・病棟担当）

2　after（二〇〇六〜二〇一一）

①精神保健福祉士から

退院前などに患者さんの自宅を訪問する機会があると、その劣悪な住環境を目の当たりにして、いつも悲痛な思いに駆られる。精神障碍者は、現状では就労が難しく生活保護や障害年金を受給するケースが多い。よって、必然的に廉価な物件を選ばざるを得ず、前述した快適性の低い物件で生活しなければならない。精神障碍者の地域移行が謳われるなか、彼らが宇和島市において住環境の整った住居を見つけることや、入居することは困難な状況にある。全国的に精神科病院の建て替えが進み、当院においてもアメニティ面は病室の方が快適な現況にあって、地域における住環境との落差は大きい。患者さんの退院へ向けての士気が上がらない一つの要因でもある。

現在、私は社会復帰部門での勤務を経て精神科急性期治療病棟で精神保健福祉士として仕事をしている。診療報酬上、とてもハードルの高い基準が求められる機能を持った病棟であり、統合失調症に限らずあらゆる精神疾患を発症・再燃した方が短期間（三ヶ月以内）で濃厚な入院治療を受け、退院していくことを支援することが求められる。国の基本方針が変わり法律・診療報酬が改正されることで、随分と病院や行政の体制が変化していく。それに伴い、精神障碍者や家族への処遇や支援も変わり、地域住民へ求められることも変わってくる。何より私たち精神科医療福祉の専門職がこの変化に迅速に対応していかなければならない。今後は、徐々に精神科病院の病床が減少し精神症状が急性期の間だけを入院治療でカバーしていくことになるだろう。

我が国の精神科病床数は他の診療科に比べて多く、諸外国に比べても群を抜いて多い。その病床を埋めているのが社会的入院者である。この社会的入院者の地域生活への移行を推進するため、愛媛県の取り組みとして「地域移行支援事業」が立ち上げられた。これまでの退院支援といえば、病状悪化時や病院内での患者さんの状況しか知らない医療職が退院先の十分な環境調整や準備をできないままで自宅などへ退院させていた。そのため、簡単に服薬中断で症状の再燃や悪化、その上家族や地域住民との関係を再びこじらせて再入院となっていくケースが多く見られていた。このなかでいくら、社会復帰部門（デイケア、訪問看護、外来、地域活動支援センター等）のスタッフが頑張ったとしても限界があった。

この事業によって、地域の精神保健福祉士が社会的入院者の退院をコーディネートすることができるようになり、病院内と行政・地域住民や関係機関との連携を図りながら、退院を支援し地域生活へと移行していくシステムができた。精神保健福祉士がコーディネートすることによる利点は、本人の尊厳を守りながら長い入院生活で機能低下してしまった生活能力をリカバリーするその専門性が発揮できることにある。この事業を通して、一人の社会的入院者を地域へ移行させせていくためには多職種がチームで関わり、情報を共有し、それぞれの職種の持つ強みである専門的な視点で多角的・多面的に患者を捉えていくことがとても重要であると思った。私はそのなかで、彼らを患者として捉えるのではなく、精神症状や障碍を持っているひとりの人間として、また生活者として捉え障碍者の権利擁護やノーマライゼーションといった視点を持ったチームの一員として関わっている。他職種にもその視点への理解と協力を求めながらも、薬や症状についての医療的な部分については医師や病棟看護師から教えてもらい知識を得て理解するように努めている。改めて実感したのは、地域へ移行し安定した生活を継続していくためには、訪問看護や障害福祉サービスによる継続的な支援と地域住民の理解と協力が必要不可欠であるということである。私は退院先の環境調整をする上で、地域で関わる行政や機関の担当者・家族、その地域の民生委員への細かな情報提供は怠らないよう気をつけている。それは、地域住民が精神障碍者のことを知らない、理解できないことからの勘違いや恐怖心は差別や偏見へとつながっていく可能性を秘めているからである。そして、本人や地域住民が困ったこと等があればすぐに対応できるように連絡体制をつくっておくことも、安心感を持ってもらえる重要な鍵となる。このようなケースとの関わりを通していくことで、地域住民との関わりが増え少しずつ地域のなかで精神障碍への理解が進み、精神障碍のみでなくあらゆる困難や障碍を持つ人を包含していけるような地域へと移り変わっていけるよう、微力ながら関わっていきたいと思っている。
今まさに大きな転換期を迎えている、そのなかにおいて精神保健福祉士として専門性と価値を大切にし、一人でも多くの精神障碍者が自分の意思により人生を歩んでいけるよう関わっていきたいと考えている。

（精神保健福祉士・病棟担当）

②病棟看護師から

現在、精神科の治療は隔離収容の入院医療から地域生活中心へと移行してきた。私が就職した一一年前、精神科病院の病棟は男女別・閉鎖・開放・高齢者という編成だった。治療においても現在の非定型抗精神病薬（陽性症状に対する効果は高いまま、副作用の出現を抑えられたもの）ではなく、定型抗精神薬（陽性症状への効果は高いが、副作用の出現も高い）による多剤併用の薬物治療であった。精神科リハビリテーションは、作業療法の他にSST（社会生活技能訓練）が診療報酬上で点数化され、院内でSSTが始められていた頃だった。しかし、依然として退院を前提にした入院治療をおこなう人の割合は少なく、スタッフは病状が悪化しないよう一日単位の観察をして、医師から指示をされた治療やケアをおこなうだけの医療や看護を提供してきた。生活面における関わりとしては、患者さんや家族ができないことを看護師が代理行為ですませてしまうだけで、本人の能力を奪ってしまうようなことばかりだった。それにより、患者さんはセルフケア能力や社会性の低下を招き、その状態が続いていくことでホスピタリズム（施設病）（※）を引き起こしてしまうといった悪循環を招いていた。

しかし、その後に病棟が機能分化されて急性期病棟・療養病棟・認知症治療病棟といった治療の対象別に病棟機能が再編されてきた。このことにより治療内容や方針が明確となり、それに伴い私たち看護師に求められるケアも、より鮮明になってきた。特に精神科急性期治療病棟においては、これまでの長期入院を招いた反省から諸外国を参考にして、手厚い治療とケアを提供するようになった。これにより、大部分の患者さんが三ヶ月以内で退院ができるようになった。また、認知症治療病棟においては地域生活が困難な時期を入院治療で支え、症状が安定してくると、再び地域の社会資源を利用しながら地域生活へ戻ることにしている。そういった機能がはたせるのも、求められる医療や看護に診療報酬改訂による加算が付加されたり、新設されたりしたことで、より質の高い医療や看護を提供できる環境が整ったからといえよう。

近年、社会的入院者のほとんどが高齢化して身体合併症を併発されている。以前はその治療の当院以外での受け入れが困難な状況にあり、精神科病院でおこなえる治療にならざるを得なかった（例えば、患者さんが転倒により骨折した時、直ちに専門医が診られない（整形外科医は非常勤）ケースが生じることがある。また、理学療法士も常勤していないため治療計画の見立てやリハビリテーションが難しく、ギプスで固定して安静にしていただくといった見守りの治療となる、等）。今もその状況に大きな変化はないが、診療報酬改訂で院内の内科的治療にも加算されることになり、内科的治療も積極的におこなわれるようになってきた。また、地域生活をおこなっていく上で重要とされる環境調整に「精神科退院前訪問指導料」が新設されたことで、看護師や精神保健福祉士等が退院先を訪問できるようになった。このことにより、ソフト・ハードの両面において、退院するまでの間に生活環境を改善して調整できるようになり、病棟勤務の看護師が退院後の地域生活を視野に入れて治療・看護をおこなえるようになった。

冒頭のように国は施策を大きく転換してきた。「だからといって、今まで入院生活で支えてきた患者さんの退院を進めていくのはいかがなものか」という声が病棟内で挙がっていた。残念なことに、それは今でも一部で燻《くすぶ》っている。経営的なことやその患者さんを長期間にわたって看護してきたがゆえの不安からだと思われるが、それでも国の方針に沿って退院を検討していかなければならない。その過程で患者さんの思いや考えを知って気づかされたことがある。それは、今まで私がいかに患者さんのことを理解できていなかったのかということである。本心は退院したいと思っているにもかかわらず、家族や地域への遠慮、経済的なこと、修復が難しい家族関係などがあって、簡単に「退院したい」といえない状況にあったのだ。これは患者さんとの信頼関係を構築し、症状の安定を図りながら患者の意思を尊重し、入院後の方針や退院後の生活について十分に関われていなかったということである。

国の方針が変わりそれに伴い診療報酬が改訂され、改訂されたことで医療が変わり、求められる看護も変わってきた。その変化に病棟スタッフが対応できているかというと十分にはできていない現状がある。しかし、私が精神科病院へ就職した当時と比較すると随分変わってきた。当時は病院のなかから出て仕事をすることもなく、病棟の日課に合わせてスタッフも患者も入院生活を過ごしていた。現在では、病棟の日課にすべての患者さんを集団として合わせることはなく、個々のケースによって治療的に関わるようになり、そうすることで病棟看護師だけの関わりでは解決できないことがあることがわかり、院内の他職種と連携を図りながら仕事をするようになってきた。さらには、院内のスタッフだけでなく行政や地域の民生委員との連携を図ることも必要不可欠となってきた。こうして振り返ってみると、社会的入院の患者さんが地域で生活していくことを支援していくことは、病院スタッフが地域に出て地域を知り地域住民との連携なくしては地域移行できないことがわかる。

今後は社会的入院者が減少していき、我が国の精神科病床数は減っていくと思われる。二〇一一（平成二三）年七月に精神疾患が地域医療の基本方針となる医療計画に盛り込むべき五大疾患として認定された。これから、ますます地域のなかで精神科疾患や障碍についての理解が求められ、私たち専門職の活動の場が広がっていくだろう。このような意識の変化が、一番遅れているとされる病棟スタッフのなかにも、徐々に芽生えており、私たちも社会的な役割に応えられるよう日々精進していきたい。

（※）精神科病院における「ホスピタリズム」とは、患者が長期の隔離を受けることにより、無気力状態になることを指す。ひいては、社会的な技能や社会復帰への意欲を失うこともあり、累加的に社会復帰が遠ざかることとなる。ホスピタリズムの状態は、うつ病の陰性症状にも似ているため、注意を要する。

（看護師・病棟担当）

章末コラム①看護師の変化

精神科病院へ就職して約一〇年経過するが、今でも院内外を問わず精神障碍者に対する偏見や過剰な反応を目の当たりにすることはたくさんある。友人や近所の人に勤務先が精神科病院だと話せば「怖くない？」「暴れる人はどうするの？」「大変やない？」と必ず質問されることがそれを物語っている。

精神科医療の現場では、個人を取り巻く「環境」や「人」が決定的な影響を与えることが多い。それは、患者さんの既存する症状に対してこの治療をおこなえば「軽快する」「完治する」という単純なものではなく、個人の抱える複雑な内面に密接に関わることになるからだ。このことは、時として患者さんと医療従事者との信頼関係を構築することもあれば、逆に増悪することもある。患者さんと接するなかで予想しない出来事が起こったり、トラブルに巻き込まれたりして、医療者側の意図するような治療が進まないことも多い。また、仮に退院に至ったとしてもかなりの方が継続的な治療を必要とする精神疾患の特性から、定期外来の中断（服薬の中断）やストレスに対する脆弱性で症状が再燃しやすい。さらに、仕事の満足感や達成感が得られ難いために、しばしば症状が悪化することもある。

一方、病棟はというと時代に逆行していまだにプライバシーへの配慮はあまりされていない。また、喫煙や入浴に至るまで細かな規則がたくさん存在しており「病棟でのルールに従わなければ退院させない」との暗黙の了解がいまだに残存している。

私は、このような重複した矛盾に葛藤していた。それでも、そのなかで「患者さんにとって必要とされる看護とは何か」「私に何ができるか」と考え続けていた。そんな折、研究事業の取り組みの誘いをいただくことになった。新しい取り組みに対する興味と何か得るものがあればと軽い気持ちで返答して参加することになった。しかし、この事業に参加したことが大きな学びを得ると共に、今までの看護観を一八〇度変えることとなった。

まず、居住サポート事業を先進的に取り組んでいる事業所の視察から始まった。当院の精神保健福祉士に同行して、北九州市における居住サポート事業の経過と実際を学んだ。その上で、住居探しや入居時における連帯保証の仕組み、必要な支援についてのインタビュー調査（後に質的統合法〔KJ法〕でまとめた）をさせてもらった。そのことにより、宇和島圏域でも実践できるのではないかと少し自信が持てるようになったが、すぐさま頭をよぎったのが「これで退院できる患者さんが増える！」「その時、病棟看護師は何をしたらいい？」だった。同時に「陽性症状（幻聴、幻覚、妄想等が顕著にある状態）がある人」＝「退院できない人」と認識して、症状の改善だけにとらわれた看護介入しかできなかった病棟の雰囲気を打破できるのではないかと夢が広がった。

この取り組みに参加してみてわかったことは、病院に慣れさせることよりも、いずれは社会に帰っていく人として必要とされる技術や知恵を伸ばしていかなければならないということである。そうするには、入院時のアセスメントから個々の生活に着目して、入院期間中にその人が地域社会に出て、どんな生活をしてどんな困難に出遭うかという潜在的リスクに着目して介入しなければならない。後におこなったタウンミーティングでは参加者の率直な意見によって、それらが表出されて議論ができ、自分たちの仕事を検証する機会にもなった。今後、精神科に従事する看護師に求められることは、患者さんへの自立支援とソーシャルワークである。社会的入院を余儀なくされた患者さんが住み慣れた地域で自分らしい生活が可能となることこそが、私たち看護師にとっての「やりがい」であり「喜び」なのだと実感したことが一番の収穫である。

（看護師・病棟担当）

章末コラム②スタッフの変化

旅先の駅のホームで携帯電話が鳴った。「精神障碍者の地域移行に向けての居住調査で質的統合法（ＫＪ法）を使って取り組みたい。調査の仕方と研究の進め方をスタッフに教えてほしい」という話を宇和島病院の渡部院長からいただいた。ほぼ二〇年ぶりの電話越しの声であったがすぐに思い出した。当時は御荘病院の院長だったように思う。スタッフの支援に関わることになった始まりである。

調査にあたって問題意識の発掘から調査計画の立案、調査後のデータの分析に質的統合法（ＫＪ法）を用い、何回かの集中合宿で取り組んだ。「精神障害者の住居確保を目的とした実践的研究」

（平成一九年度・厚生労働省保健福祉推進事業障害者自立支援調査研究プロジェクト）である。

この合宿のなかでスタッフから個人的に、組織的取り組みの難しさや悩みの心の内を打ち明けられる場面があった。精神障碍者の伝統的な医療支援の歴史と新たな取り組みとの転換期にあって、スタッフが窮地に陥っていた印象が今でも鮮明に思い出される。本書でいう「before と after のはざまの時期」だったのだろう。

翌年度には、「精神障害者および障害者の地域移行に関する実践的研究事業」（平成二〇年度・厚生労働省保健福祉推進事業　障害者自立支援調査研究プロジェクト）の一環として、地域の受け皿をつくりだすために、ワークショップ方式でタウンミーティングに取り組んだ。本書ですでに述べられているように、合併前の宇和島地区の市町村単位である旧宇和島市、吉田地区、三間地区、津島地区である。

そこから導き出された結論は、もう少し小さなコミュニティでのミーティングの必要があるということだった。精神障碍者が実際に生活する地域や地域移行を実際に受け入れる地域住民は自治会や小学校区くらいの単位であり、そこでの住民の理解を得ることが重要だということに至った。

そこで二〇〇九（平成二一）年度は、コミュニティミーティングの開催へと進んだ。ワークショップ方式を運営しスタッフを支援する立場からは、精神障碍者の地域移行について地域住民から理解を得るのは、心の問題、さらには偏見が伴う問題であり、実際の生活圏域に入るほど難しいのではないかと心配をした。地域で話し合うテーマを精神障碍者の地域移行に直接的に焦点をあてることは、話し合いに出席してもらう前から偏見の壁をつくってしまうのではないか。もう少しテーマの焦点を広げて提示し、話し合うなかで徐々にそこに焦点をあてていくのがよいのではないかとスタッフに提案した。

スタッフはコミュニティミーティングを開催するために自治会の話し合いに何度か足を運んだ。直接説明するなかで、真正面から精神障碍者の地域移行に向けて話し合う方向で了解を得る取り組みをしたのである。この出来事は、私にとっては驚きであり、いかにスタッフが地域との関わりを深め、またその取り組みの重要性を自覚するに至っていたかということである。スタッフの成長ぶりと問題に真剣に取り組む姿に目を見張った。併せて私自身の心の姿勢をふかく反省した。

コミュニティミーティングでは、精神障碍者が地域で暮らす上での具体的な問題点を話し合うなかから重点課題を浮き彫りにし、それを解決するアイデアを出し合った。アイデア項目の優先度を見定めた上で、実行計画を立案。本書で述べられているように、二〇一〇（平成二二）年度からは地域住民と共に導き出した実行計画を実践へと踏み出している。

それは看護師、精神保健福祉士という専門性の枠や医療施設の内側に閉じこもるのではなく、積極的に地域と連携し関わる姿として私には映った。精神障碍者の地域移行の前に、「医療福祉関係者がまずは心の姿勢として地域移行することが必要」であり、そのことが実践の行動として現れたといってよいだろう。それがスタッフの一番大きな変化である。その心の姿勢の変化と取り組みが、地域住民の心の変化、精神障碍者への理解の深まりをもたらし、今後の道筋を開くように思う。同時に、今後のスタッフの活動に期待したいと思う。

（情報工房代表・千葉大学大学院看護学研究科特命教授　山浦晴男）

おわりに

地域のインフラ整備に目途は立ったが、まだまだ未熟・未完成な現状報告である。しかし、障碍者の地域移行に関わる方々や地域化に直面している日本の精神科医療関係者には、ヒントになることもあると思われ、本を出させていただくこととなった。

それほど遠くもない昔、精神障碍者の住まいに関する状況は、病院と自宅以外に住む場がなかった。家族が退院を受け入れなければ、病院以外に生き場がなかった。自宅以外の住まいを見つけようとしても、精神障碍者と聞くだけで、怖い、何をするかわからないと即座に入居を断られ、家を借りることができなかった。保証人が家族以外に見つからず、時に家族からも保証人となることを断られることがあった。現在でも、精神障碍者・社会的入院者が入れる物件は、狭い、古い、汚い、住み続けるのが怖い、そのような借家しかないのが現状である。最低居住（面積）水準をほぼ満たす一人用のアパート・1Kの宇和島での家賃相場は、築後一五年内で三三、〇〇〇〜三八、〇〇〇円である。生活保護の住宅扶助額二七、〇〇〇円との乖離は大きなものがあり、住宅の市場化政策から取り残されている精神障碍者の現状がある。せめて、普通の学生が入居する程度のアパート・居住環境がなければと思う。

我々精神医療関係者は長年それらに対し個々にチャレンジして失敗してきた。過去の失敗から、あやふやなままに「精神障碍者の居住確保はきわめて難しい課題」としてあきらめてきたように思われる。しかし、受け入れる住民側の不安や問題から整理してみると、住民の求めるものへの解決策はすでに存在している。すでにあるものを整備・活用し、精神医療・保健のアウトリーチを拡大し、利用者との間にきちんとした契約ができれば、この問題に解決の糸口を見出せるように思われる。要は、個々のサービスの提供だけでは失敗するが、これらのサービスをパッケージとして包括的に提供できれば、地域住民の不安も改善・軽減し、居住確保に道が開けてくると思われる。

二四時間三六五日の必要なサービスが提供できる可能性を持つ精神科病院や地域資源が主体的に取り組み、必要な他の資源と連携できれば、精神障碍者の居住（賃貸住宅）の確保や維持が可能となると思われる。

宇和島版居住サポートの活動内容は、不動産業界との信頼関係・連携のなかで生まれる「居住の確保」、当事者との交流や「市民の啓発」、保険加入・安全機器などにより本人が責任をとれる体制づくりと家族に代わる「地域サポート・救急体制の整備」などである。

タウンミーティングやコミュニティミーティングなどを重ねるなかで、ある住民から「精神障碍者・社会的入院者の問題は、私たち市民の責任」という予想もしなかった発言も聞かれた。私たちの活動に勇気と元気を与えていただいたのが今も印象に残る。

この活動を実行・継続するにあたっては多くの方々にお世話になりました。居住サポート勉強会に参加していただいた方々、いつも温かくご指導いただいた日本居住福祉学会の早川和男会長ほか学会会員、質的統合法をご指導いただき地域ミーティングをまとめていただいた山浦晴男先生、研究指導をいただいた福永一郎先生、現地調査に伺わせていただいた北海道から九州までの先達の方々、宅建業者のみなさんと研修を受けさせていただいたハウジングアンドコミュニティ財団や千葉県松戸市の研究会の方々などなど、宇和島以外でもたくさんの人々に出会い、ご支援・ご指導をいただきました。深く感謝いたします。

また、主体的に活動をおこなってきた障碍者の地域定住・市民化のこの活動に同行していただいた地域住民の方々と共に、私たちが本書をつくる機会をいただいたことに感謝をいたします。地域医療の活動内容はまだまだ未熟でありますが、これからも続く「地域一体型の精神医療保健福祉活動」の長い道のりを歩んでいくなかで、この一里塚がこれからの拠り所や活力源になっていくことを願っております。あわせて、宇和島市役所・生活保護担当者・不動産業者の方、ならびに自治会長の方にもご執筆いただけたことに感謝いたします。また、本書の全体構成および執筆に際しては、東信堂編集部の二宮義隆氏に大変お世話になりました。末筆ながらお礼を申し上げます。

編集委員　川野　直樹

〔編集・執筆者〕

財団法人正光会 編

編集責任者：渡部　三郎

編集委員：松瀬　由香里・川野　直樹

執筆：鈴村　和美・竹内　冬彦・内藤　桂子・内藤　真治・兵頭　俊次・山下　美幸

（以上、財団法人正光会）

山浦　晴男（情報工房代表・千葉大学大学院看護学研究科特命教授）

参考文献

財団法人正光会『精神障害者の居住確保を目的とした実践的研究』二〇〇八年。

財団法人正光会『精神障害者および障害者の地域移行に関する実践的研究事業』二〇〇九年。

法務省法務総合研究所『犯罪白書』二〇〇二年度版。

日本公衆衛生学会『公衆衛生雑誌』第五八巻第七号、二〇一一年。

鈴木博志「都市住宅と住文化の再考」『月刊不動産流通』Vol.318、二〇〇八年。

江畑敬介『心の健康とは』星和書店、二〇〇三年。

「居住福祉ブックレット」一覧

01	居住福祉資源発見の旅	早川　和男（神戸大学名誉教授）
02	どこへ行く住宅政策	本間　義人（法政大学名誉教授）
03	漢字の語源にみる居住福祉の思想	李　　桓（長崎総合科学大学准教授）
04	日本の居住政策と障害をもつ人	大本　圭野（東京経済大学教授）
05	障害者・高齢者と麦の郷のこころ	伊藤静美・田中秀樹他（麦の郷）
06	地場工務店とともに	山本　里見（全国健康住宅サミット会長）
07	子どもの道くさ	水月　昭道（立命館大学研究員）
08	居住福祉法学の構想	吉田　邦彦（北海道大学教授）
09	奈《な》良《ら》町《まち》の暮らしと福祉	黒田　睦子（㈳奈良まちづくりセンター副理事長）
10	精神科医がめざす近隣力再生	中澤　正夫（精神科医）
11	住むことは生きること	片山　善博（前鳥取県知事）
12	最下流ホームレス村から日本を見れば	ありむら潜（釜ヶ崎のまち再生フォーラム）
13	世界の借家人運動	髙島　一夫（日本借地借家人連合）
14	「居住福祉学」の理論的構築	柳中権・張秀萍（大連理工大学教授）
15	居住福祉資源発見の旅Ⅱ	早川　和男（神戸大学名誉教授）
16	居住福祉の世界：早川和男対談集	早川　和男（神戸大学名誉教授）
17	医療・福祉の沢内と地域演劇の湯田	高橋　典成（ワークステーション湯田・沢内） 金持　伸子（日本福祉大学名誉教授）
18	「居住福祉資源」の経済学	神野　武美（ジャーナリスト）
19	長生きマンション・長生き団地	千代崎一夫・山下千佳（住まいとまちづくりコープ）
20	高齢社会の住まいづくり・まちづくり	蔵田　　力（地域にねざす設計舎 TAP-ROOT）
21	シックハウス病への挑戦	後藤三郎・迎田允武（健康住宅居住促進協会）
22	韓国・居住貧困とのたたかい	全　泓奎（大阪市立大学准教授）
23	精神障碍者の居住福祉（本書）	渡部　三郎（精神科医）他

※「居住福祉ブックレット」は23号を最終巻とし、以後内容・判型等装いを新たにした新シリーズを刊行予定。

編集責任者・編集委員紹介

渡部　三郎（わたなべ　さぶろう）

1952年　愛媛県松山市生まれ

鳥取大学医学部卒。愛媛大学医学部精神神経科で2年間のインターンシップを経て、御荘病院で19年間勤務。以来、今日まで宇和島圏域における地域の精神保健福祉活動に30年あまり従事。現在は、宇和島病院で精神科医として勤務している。

愛媛県精神保健福祉協会常任理事ほか。

松瀬　由香里（まつせ　ゆかり）

1957年　愛媛県北宇和郡生まれ

別府高等看護学院卒。一般科病院で約10年間勤務した後、財団法人正光会へ入職。精神科一般病棟、精神科療養病棟、精神科デイケアでの勤務を経て、現在は、宇和島病院の認知症治療病棟で看護師として勤務している。

川野　直樹（かわの　なおき）

1973年　岡山県岡山市生まれ

東洋大学社会学部卒。旭川荘厚生専門学院（精神保健福祉科）卒業後、財団法人正光会へ入職。精神科デイケア、生活訓練施設、福祉ホームでの勤務を経て、現在は、宇和島病院の地域リハビリセンターで精神保健福祉士として勤務している。

（居住福祉ブックレット23）

精神障碍者の居住福祉：宇和島における実践（2006～2011）

2012年6月30日　　初　版第1刷発行　　〔検印省略〕

定価は裏表紙に表示してあります。

編者Ⓒ財団法人正光会　装幀 桂川潤　発行者 下田勝司　　印刷・製本 中央精版印刷

東京都文京区向丘1-20-6　　郵便振替00110-6-37828

〒113-0023　TEL（03）3818-5521　FAX（03）3818-5514

発行所　株式会社 東信堂

Published by TOSHINDO PUBLISHING CO., LTD.

1-20-6, Mukougaoka, Bunkyo-ku, Tokyo, 113-0023, Japan

E-mail : tk203444@fsinet.or.jp　　http://www.toshindo-pub.com

ISBN978-4-7989-0135-0 C3336

「居住福祉ブックレット」刊行に際して

安全で安心できる居住は、人間生存の基盤であり、健康や福祉や社会の基礎であり、基本的人権であるという趣旨の「居住福祉」に関わる様々のテーマと視点―理論、思想、実践、ノウハウ、その他から、レベルは高度に保ちながら、多面的、具体的にやさしく述べ、研究者、市民、学生、行政官、実務家等に供するものです。高校生や市民の学習活動にも使われることを期待しています。単なる専門知識の開陳や研究成果の発表や実践報告、紹介等でなく、それらを前提にしながら、上記趣旨に関して、今一番社会に向かって言わねばならないことを本ブックレットに凝集していく予定です。

2006年3月

日本居住福祉学会
株式会社　東信堂

「居住福祉ブックレット」編集委員

委員長	早川　和男	(神戸大学名誉教授、居住福祉学)
委　員	阿部　浩己	(神奈川大学教授、国際人権法)
	井上　英夫	(金沢大学教授、社会保障法)
	入江　建久	(新潟医療福祉大学教授、建築衛生)
	大本　圭野	(東京経済大学名誉教授、社会保障)
	岡本　祥浩	(中京大学教授、居住福祉政策)
	坂本　敦司	(自治医科大学教授、法医学・地域医療政策)
	神野　武美	(ジャーナリスト)
	武川　正吾	(東京大学教授、社会政策)
	中澤　正夫	(精神科医、精神医学)
	野口　定久	(日本福祉大学教授、地域福祉)
	吉田　邦彦	(北海道大学教授、民法)

日本居住福祉学会のご案内

〔趣　旨〕

人はすべてこの地球上で生きています。安心できる「居住」は生存・生活・福祉の基礎であり、基本的人権です。私たちの住む住居、居住地、地域、都市、農山漁村、国土などの居住環境そのものが、人々の安全で安心して生き、暮らす基盤に他なりません。

本学会は、「健康・福祉・文化環境」として子孫に受け継がれていく「居住福祉社会」の実現に必要な諸条件を、研究者、専門家、市民、行政等がともに調査研究し、これに資することを目的とします。

〔活動方針〕

(1) 居住の現実から「住むこと」の意義を調査研究します。
(2) 社会における様々な居住をめぐる問題の実態や「居住の権利」「居住福祉」実現に努力する地域を現地に訪ね、住民との交流を通じて、人権、生活、福祉、健康、発達、文化、社会環境等としての居住の条件とそれを可能にする居住福祉政策、まちづくりの実践等について調査研究します。
(3) 国際的な居住福祉に関わる制度、政策、国民的取り組み等を調査研究し、連携します。
(4) 居住福祉にかかわる諸課題の解決に向け、調査研究の成果を行政改革や政策形成に反映させるように努めます。

学会事務局・入会申込先

〒558-8585　大阪市住吉区杉本3-3-138
大阪市立大学　都市研究プラザ
全泓奎研究室気付
TEL・FAX　06-6605-3447
E-mail　jeonhg@ur-plaza.osaka-cu.ac.jp
http://www.geocities.jp/housingwellbeing/
郵便振替口座：00820-3-61783

東信堂

地域社会研究と社会学者群像—社会学としての闘争論の伝統　橋本和孝　五九〇〇円
覚醒剤の社会史—ドラッグ・ディスコース・統治技術　佐藤哲彦　五六〇〇円
捕鯨問題の歴史社会学—近代日本におけるクジラと人間　渡邊洋之　二八〇〇円
新版　新潟水俣病問題—加害と被害の社会学　飯島伸子・舩橋晴俊編　三八〇〇円
新潟水俣病をめぐる制度・表象・地域　関礼子　五六〇〇円
新潟水俣病問題の受容と克服　堀田恭子　四八〇〇円
組織の存立構造論と両義性論—社会学理論の重層的探究　舩橋晴俊　二五〇〇円
自立支援の実践知—阪神・淡路大震災と共同・市民社会　似田貝香門編　三八〇〇円
〔改訂版〕ボランティア活動の論理—ボランタリズムとサブシステンス　西山志保　三六〇〇円
自立と支援の社会学—阪神大震災とボランティア　佐藤恵　三二〇〇円
NPO実践マネジメント入門　パブリックリソースセンター編　二三八一円
個人化する社会と行政の変容—情報、コミュニケーションによるガバナンスの展開　藤谷忠昭　三八〇〇円

〈大転換期と教育社会構造：地域社会変革の社会論的考察〉
第1巻　教育社会史—日本とイタリアと　小林甫　七八〇〇円
第2巻　現代的教養I—生活者生涯学習の地域的展開　小林甫　近刊
　　　　現代的教養II—技術者生涯学習の生成と展望　小林甫　近刊
第3巻　学習力変革—地域自治と社会構築　小林甫　近刊
第4巻　社会共生力—東アジアと成人学習　小林甫　近刊

ソーシャルキャピタルと生涯学習　J・フィールド　矢野裕俊監訳　三二〇〇円
NPOの公共性と生涯学習のガバナンス　高橋満　二八〇〇円

〈アーバン・ソーシャル・プランニングを考える〉（全2巻）
都市社会計画の思想と展開　橋本和孝・藤田弘夫・吉原直樹編著　二三〇〇円
世界の都市社会計画—グローバル時代の都市社会計画　橋本和孝・藤田弘夫・吉原直樹編著　二三〇〇円

移動の時代を生きる—人・権力・コミュニティ　大西仁・吉原直樹監修　三二〇〇円

〒113-0023　東京都文京区向丘1-20-6　TEL 03-3818-5521　FAX03-3818-5514　振替 00110-6-37828
Email tk203444@fsinet.or.jp　URL:http://www.toshindo-pub.com/

※定価：表示価格（本体）＋税

東信堂

〈未来を拓く人文・社会科学シリーズ〉（全17冊・別巻2）

科学技術ガバナンス	城山英明編	一八〇〇円
ボトムアップな人間関係―心理・教育・福祉・環境・社会の12の現場から	サトウタツヤ編	一六〇〇円
高齢社会を生きる―老いる人／看取るシステム	清水哲郎編	一八〇〇円
家族のデザイン	小長谷有紀編	一八〇〇円
水をめぐるガバナンス―日本、アジア、中東、ヨーロッパの現場から	蔵治光一郎編	一八〇〇円
生活者がつくる市場社会	久米郁夫編	一八〇〇円
グローバル・ガバナンスの最前線―現在と過去のあいだ	遠藤乾編	二二〇〇円
資源を見る眼―現場からの分配論	佐藤仁編	二〇〇〇円
これからの教養教育―「カタ」の効用	葛西康徳・鈴木佳秀編	二〇〇〇円
「対テロ戦争」の時代の平和構築―過去からの視点、未来への展望	黒木英充編	一八〇〇円
企業の錯誤／教育の迷走―人材育成の「失われた一〇年」	青島矢一編	一八〇〇円
日本文化の空間学	桑子敏雄編	二二〇〇円
千年持続学の構築	木村武史編	一八〇〇円
多元的共生を求めて―〈市民の社会〉をつくる	宇田川妙子編	一八〇〇円
芸術は何を超えていくのか？	沼野充義編	一八〇〇円
芸術の生まれる場	木下直之編	二〇〇〇円
文学・芸術は何のためにあるのか？	吉岡洋・岡田暁生編	二〇〇〇円
紛争現場からの平和構築―国際刑事司法の役割と課題	城山英明・石田勇治・遠藤乾編	二八〇〇円
〈境界〉の今を生きる	荒川歩・川喜田敦子・谷川竜一・内藤順子・柴田晃芳編	一八〇〇円
日本の未来社会―エネルギー・環境と技術・政策	城山英明・鈴木達治郎・角和昌浩編	二二〇〇円

〒113-0023　東京都文京区向丘 1-20-6　TEL 03-3818-5521　FAX03-3818-5514　振替 00110-6-37828
Email tk203444@fsinet.or.jp　URL:http://www.toshindo-pub.com/

※定価：表示価格（本体）＋税